普通心理学

罗 璇　谢园梅　黄悠恋　主编

苏州大学出版社

图书在版编目(CIP)数据

普通心理学/罗璇,谢园梅,黄悠恋主编. —苏州:苏州大学出版社,2022.6
ISBN 978-7-5672-3948-7

Ⅰ.①普… Ⅱ.①罗…②谢…③黄… Ⅲ.①普通心理学-教材 Ⅳ.①B84

中国版本图书馆 CIP 数据核字(2022)第 082442 号

书　　名	普通心理学
主　　编	罗　璇　谢园梅　黄悠恋
责任编辑	周建兰
装帧设计	吴　钰

出版发行	苏州大学出版社(Soochow University Press)
出 版 人	盛惠良
社　　址	苏州市十梓街 1 号　邮编:215006
印　　刷	常州市武进第三印刷有限公司
网　　址	www.sudapress.com
邮　　箱	sdcbs@ suda.edu.cn
邮购热线	0512-67480030
开　　本	787 mm×1 092 mm　1/16　印张:11.25　字数:221 千
版　　次	2022 年 6 月第 1 版
印　　次	2022 年 6 月第 1 次印刷
书　　号	ISBN 978-7-5672-3948-7
定　　价	38.00 元

凡购本社图书发现印装错误,请与本社联系调换。
服务热线:0512-67481020

PREFACE 前言

心理学是研究心理现象的产生、发展及其变化规律的科学。师范生学习心理学，对于掌握学生的身心发展规律，了解学生的心理特点，形成科学的教育教学观具有重要意义。

本书是心理学的入门教材，编写时主要体现公共心理学课程的特点。在内容设置上，力求强调针对性和实用性；在内容陈述上，力求深入浅出；在语言表达上，力求简单明了；在实例选择上，力求体现知识性和趣味性；在表现形式上，采用图文并茂的形式，以期调动学生的学习兴趣，方便教与学。

本书特点主要体现在以下三个方面：

1. 重视基础性：编者精选了心理学入门的基础知识，对基本概念、基本原理进行了系统全面的阐述，便于初学者学习和掌握，也有利于为学习者进一步学习打下良好的基础。

2. 突出实践性：编者将学习者的实际需求和心理学的学科内容相结合，充分展示了心理学基础理论在各领域中的指导作用，力求引导学生学以致用，并进一步激发学生学习心理学的兴趣和热情。

3. 注重应用性：心理学是教师资格考试基础理论考试内容之一，很多地方教育系统在招聘教师时也会考核心理学的基础知识。编者依据教育部考试中心颁布的《考试大纲》，根据近年来教师资格考试考查全面的特点，加强了考试知识的阐述，利用"知识窗"板块及章节练习，强化学生对知识点的掌握和运用。

本书可以作为全日制师范教育专业学生公共基础课心理学教材，也可以作为成人高等教育或职业教育的自学用书。

本书由罗璇、谢园梅、黄悠恋主编。全书策划和编写提纲由罗璇拟定，各章编写分工如下：第一章、第三章、第八章、第十章由罗璇编写；第二章、第六章、第七章由谢园梅编写;第四章、第五章、第九章由黄悠恋编写。全书由罗璇统稿和定稿。

  本书的编者都是在地方高校长期从事心理学教学和研究的一线教师,具有一定的心理学教学和实践经验。在编写过程中编者参考和引用了中外有关专家、学者的研究成果,若注释中有所遗漏,在此特别加以说明,并向相关作者表示感谢!宜春幼儿师范高等专科学校教材建设相关部门为本书的编写提供了支持与帮助,在此一并表示衷心的感谢!由于多种因素,书中难免存在许多不足与疏漏,敬请各位专家、同行和读者批评指正。

编者

2022 年 4 月

CONTENTS 目录

第一章 绪 论

本章提要 / 1

学习目标 / 1

第一节 心理学概述 / 1

第二节 心理学研究的任务、原则与方法 / 5

第三节 心理学的发展历史 / 10

本章要点 / 14

练习与思考 / 14

第二章 注 意

本章提要 / 16

学习目标 / 16

第一节 注意概述 / 16

第二节 注意的种类 / 19

第三节 注意的品质 / 22

第四节 注意的认知理论 / 27

本章要点 / 29

练习与思考 / 30

第三章 感觉和知觉

本章提要 / 32

学习目标 / 32

第一节 感觉和知觉概述 / 32

第二节 感知规律及其应用 / 39

第三节 观察力及培养 / 49

本章要点 / 53

　　练习与思考 / 53

第四章　记　忆

　　本章提要 / 55

　　学习目标 / 55

　　第一节　记忆概述 / 55

　　第二节　记忆过程及其规律 / 64

　　第三节　记忆规律在教学中的运用 / 73

　　本章要点 / 76

　　练习与思考 / 76

第五章　想象和思维

　　本章提要 / 78

　　学习目标 / 78

　　第一节　想象概述 / 78

　　第二节　思维概述 / 82

　　第三节　想象和思维的品质 / 87

　　本章要点 / 93

　　练习与思考 / 93

第六章　情绪和情感

　　本章提要 / 95

　　学习目标 / 95

　　第一节　情绪和情感概述 / 95

　　第二节　情绪的产生与表达 / 99

　　第三节　情绪和情感的分类 / 102

　　第四节　情绪理论 / 105

　　本章要点 / 108

　　练习与思考 / 109

第七章　意　志

　　本章提要 / 110

　　学习目标 / 110

　　第一节　意志概述 / 110

第二节　意志行动的过程 / 113
　　第三节　意志品质及其培养 / 117
　　本章要点 / 122
　　练习与思考 / 122

第八章　个性和个性倾向性

　　本章提要 / 124
　　学习目标 / 124
　　第一节　个性概述 / 124
　　第二节　个性倾向性及其规律 / 127
　　本章要点 / 137
　　练习与思考 / 138

第九章　能　力

　　本章提要 / 139
　　学习目标 / 139
　　第一节　能力概述 / 139
　　第二节　能力的测验 / 142
　　第三节　能力的个别差异 / 145
　　第四节　影响能力形成与发展的因素 / 147
　　本章要点 / 150
　　练习与思考 / 150

第十章　气质和性格

　　本章提要 / 152
　　学习目标 / 152
　　第一节　气质概述 / 152
　　第二节　气质学说 / 154
　　第三节　性格概述 / 159
　　第四节　性格的测量 / 162
　　本章要点 / 165
　　练习与思考 / 166

课后练习参考答案 / 167
参考文献 / 168

第一章 绪 论

【本章提要】

心理是神秘、复杂且多变的,对于心理世界,还有许多的未解之谜等着我们去探究。那你知道什么是心理学吗?学习心理学,对我们有什么用处?学习心理学,深入认识人的心理现象,可以帮助我们更好地了解自己、解释行为,并能进一步发现和掌握人类心理变化的规律。本章将简单介绍心理学的基本知识、研究方法和任务,为后面内容的学习打好基础。

【学习目标】

- 掌握心理学的研究对象及内容。
- 了解心理学产生、发展的历史。
- 掌握并运用心理学研究的主要方法。

第一节 心理学概述

心理学在历史上长期隶属于哲学,英文名称为"psychology",它是由两个古希腊文字"psyche"和"logos"组成的。"psyche"的含义是"心灵""灵魂";"logos"的含义是"讲述"或"解说"。二者合起来就是"对心灵或灵魂的解说"。这可以说是心理学的最早定义。在之后的发展历史中,心理学的定义随着其研究内容和重点的不断演变而不断变化着,直到 20 世纪中期以后才有了相对统一的定义,即

"心理学是研究人的心理和行为活动规律的科学"。它通过探讨人的心理活动和对行为的观察,调节与控制人的心理活动,是一门兼有自然科学和社会科学特征的中间科学。

不同的心理变化都在行为上得到表现。比如,哭表示悲伤,笑表示高兴;趋近表示喜爱,逃跑表示害怕;等等。心理和行为相互依存,相互影响,它们如何变化和相互转换都遵循一定的规律。心理学研究的目的就是要探讨这些心理和行为活动的规律,使我们对人的心理能够做出科学可靠的解释,从而进一步对行为加以预测、调整和控制。

一、心理学的研究对象和内容

心理学是研究心理现象及其活动规律的科学。人的心理现象纷繁复杂,表现形式丰富多样,心理学把统一的人的心理现象划分为既相互联系又相互区别的三大范畴:心理过程、个性心理和心理状态(图1-1)。

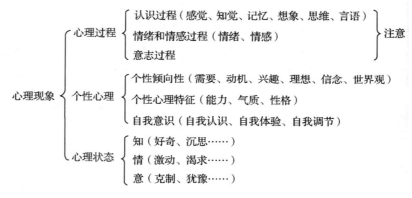

图1-1 心理现象结构图

(一)心理过程

心理过程是指人对客观事物不同方面及相互关系的反映过程,也是心理现象的动态反映形式,包括认识过程、情绪和情感过程及意志过程三个方面。

1. **认识过程**

认识过程是指人们获得知识或应用知识的过程,或者说是信息加工的过程,这是人最基本的心理过程。认识过程包括感觉、知觉、记忆、想象、思维和言语等。人脑接受外界输入的信息,经过头脑的加工处理,转换成内在的心理活动,再进而支配人的行为,这个过程就是认识过程。比如看见地面湿滑就知道昨晚下了雨等,这些都是认识过程。

2. **情绪和情感过程**

情绪和情感过程是个体在实践过程中对事物的态度体验。人对客观事物的认识并不是呆板的、冷漠的，而总是对它表现出鲜明的态度，渗透着某种感情色彩。例如，我们对美好事物的赞美，对侵略者的愤恨，对国家、民族的热爱，为攻破难关取得成绩而喜悦，等等，这些在认识基础上产生的喜、怒、哀、惧等态度体验都是情绪和情感过程。

3. 意志过程

意志过程是指人脑自觉地确定目的，克服内部和外部困难，力求实现预定目的的心理过程。人凭借意志的力量，支持、保护自己所喜欢的事物，反对、摒弃自己所厌恶的事物，积极主动地创造人类的物质文明和精神文明。所以，意志是人的意识能动性的集中表现。

还有一种心理现象叫注意，它不属于某一种独立的心理过程，而是伴随各种心理过程而存在的特殊的心理现象。

认识过程、情绪和情感过程及意志过程是既相互联系又相互统一的有机整体。一般说来，人没有认识活动，就不会产生情绪和情感，也不会有坚强的意志力，所以，认识过程是情绪和情感过程及意志过程的基础。反过来，情绪和情感过程及意志过程又能巩固和深化人的认识过程，如果没有人的情绪和情感的驱动或缺少坚强的意志力，认识活动就无法发展和深入。比如，一个对本职工作有深厚感情，并有坚强意志力的员工，必然会认真学习公司的企业文化，了解自身工作的性质和任务，深刻认识公司的发展方向和需求，从而出色地完成自己的工作任务。

（二）个性心理

个性心理是指一个人在社会生活实践中形成的相对稳定的各种心理现象的综合。个性心理包含三个部分：个性倾向性、个性心理特征和自我意识。

1. 个性倾向性

个性倾向性包括需要、动机、兴趣、信念及世界观等，它是人的个性心理结构中最活跃的因素，是人的行为活动的动力结构。个性倾向性是在一定的社会历史条件下形成的个体意识倾向，所以它制约着人的全部心理活动的方向和行为的社会价值，使人的个性心理表现出一定的社会倾向性。

2. 个性心理特征

个性心理特征包括能力、气质和性格，这是个人身上经常表现出来的稳定的心理特征。例如，有的人善于观察，有的人善于操作；有的人擅长跳舞，有的人擅长戏剧……这些都是能力方面的差异。有的人善于交际，有的人喜欢独处；有的人暴躁易怒，有的人沉着冷静……这是气质方面的差异。有的人勤劳肯干，有的人懒散拖沓；有的人虚伪狡诈，有的人真诚善良……这是性格方面的差异。"人心不同，各如其面"，就是指人的个性心理特征方面存在的差异。

3. 自我意识

自我意识也称自我，包括自我认识、自我体验、自我调节等成分，是指个体对自己的各种身心状态的认识、体验和愿望。它具有目的性和能动性等特点，它对人格的形成、发展起着调节、监控和矫正的作用。自我意识水平的高低不仅是个体心理发展水平的重要标志，而且会影响和制约其人生选择和行为取向。

个性心理的三个方面互相依存，互相制约，协调发展。正是在这三种因素的相互作用下，才构成一个以个性倾向性为方向，以个性心理特征为表现，以自我意识为调控的有机的个性心理的整体。

心理过程与个性心理的联系非常紧密。首先，心理过程在每个人身上表现时，总具有个人的特点，也就是说，个性心理是通过心理过程形成的；其次，个性心理要通过人的心理过程表现出来，并制约着心理过程的发展。正是因为心理过程和个性心理相互融合，相互制约，才形成一个人完整的心理面貌。

（三）心理状态

心理状态是指心理活动在一定时间内出现的相对稳定的持续状态。它既有心理过程的暂时性、可变性的特点，又具有个性的持久性、稳定性的特点。所以心理学把心理状态看作介于这二者之间的状态。要真正理解一个人的心理活动和行为表现，则不能不了解他此时此地的心理状态。教师上课、学生学习、孩子玩耍、竞赛者比赛等，其成效如何，都与心理状态有关。心理状态的表现是多方面的，它可以表现在知、情、意的任何一个方面。例如，好奇、疑惑、沉思，这是认识方面的心理状态；淡泊、焦虑、渴求，这是情绪方面的心理状态；克制、犹豫、镇定，这是意志方面的心理状态。研究、考察人的心理状态，不仅要描述其表现形态，而且要把握其具体成因，这样才有应用价值。

二、学习心理学的意义

学习心理学知识，无论是从理论上还是从实践上都十分重要。

（一）学习心理学有助于形成正确的世界观和价值观

学习心理学对于人们掌握哲学的基本原理，抵制和克服各种唯心主义思想的影响，自觉地树立辩证唯物主义与历史唯物主义世界观具有十分重要的意义。科学心理学是建立在辩证唯物主义基础上的，通过深入揭示心理、意识与脑及外部世界的关系，不仅为辩证唯物主义关于物质第一性和意识第二性的原理提供了科学依据，也为历史唯物主义关于社会存在决定社会意识的原理提供了科学依据。学习心理学知识，使我们能够认识人的心理现象的实质，更深刻地领会马克思主义哲学的基本原理，提高识别真伪科学的能力，树立正确的辩证唯物主义、历史唯物主义世界观。

（二）学习心理学有助于调控行为，适应环境，提高工作效率

人的任何行为都是在心理活动的调节下完成的，只有遵循人的心理活动规律的行为才能适应环境，提高工作效率。心理学知识正是通过解释人的心理活动规律来帮助人们调控自己的行为，为人们适应各种环境服务的。

（三）学习心理学有助于自我成长与自我教育

学习心理学可以帮助我们科学地了解自己的心理特点，认识自己的性格、气质特征，分析自身的优缺点，进而有针对性地发展自己的优良品质，不断地进行自我教育，促进自我完善。学习心理学还可以通过掌握情绪调节的方法，克服消极心境，培养坚强的意志力，不断促进自我心理健康的发展。

第二节　心理学研究的任务、原则与方法

一、心理学研究的任务

心理学研究的任务就是要揭示心理现象的发生、发展规律，探讨人的行为的真正原因。具体而言，心理学研究主要有以下四项基本任务。

1. 描述心理现象

这是心理学研究的最基本的任务。心理现象复杂多变，我们要对它进行研究，就必须先描述和界定各种心理现象，说明什么是感觉、知觉，什么是情绪、情感，等等，这些描述是分析、解释各种心理现象和行为的依据。

2. 揭示心理规律

研究心理学不能仅仅停留在对心理现象和事实的描述上，更主要的是要揭示心理现象发生、发展的规律，要确定影响各种心理现象发展变化的因素，并且探明这些因素是如何影响人的心理的。

3. 预测心理现象

描述和揭示心理发展的规律就是为了推知其心理发展或行为变化的可能性。通过对某些心理活动与行为之间因果关系变化的了解，可以预测其发展趋势及再次发生的可能性。预测心理变化趋势，可以有针对性地开展教育引导，促进自身发展。

4. 调控心理活动与行为

心理学研究的任务之一就是通过揭示心理现象发生、发展的规律，帮助我们调控自身的行为。调控的目的是引导或改变人的行为和心理朝着目标规定的方向变化，

对异常心理和行为进行矫正。培养心理素质和矫正异常行为都是心理学研究的目标。

二、心理学研究必须遵循的原则

心理学研究必须遵循以下基本原则。

1. 客观性原则

客观性原则即实事求是的原则，这是进行科学研究必须遵守的基本原则。这一原则要求研究任何心理现象都必须按照事物的本来面目加以考察。因此，我们在研究心理现象时，不能依靠个人的主观臆想和揣测，而要根据心理现象产生、发展的客观条件的外部表现来进行研究。进行心理学研究时，应该提供确实可靠的材料，并对所得到的全部事实材料和数据做出全面的分析，研究所得的结论应该是分析全部材料的成果，要杜绝曲解、主观解释和做出轻率结论的做法。

2. 系统性原则

这一原则要求在对人的心理现象进行研究时，必须从系统论的观点出发，把各种心理现象放在整体性的、动态和相互联系的系统中进行分析，反对片面、孤立、静止地研究人的心理现象。人是一个多层次、多因素综合作用的极其复杂的整体，在心理学研究中必须在各个因素的相互作用中去认识整体，考虑各种内、外因素相互之间的关系和制约作用，在多层次、多因素和多维度的系统中进行分析。

3. 教育性原则

这一原则要求在进行心理学的研究时，应从有利于教育、有利于个体身心健康的角度来进行。研究心理学是为了更好地利用心理发展规律来教育学生，不仅要考虑教育意义，使其结果有助于教学和教育质量的提高，而且要在研究方案的设计上和实际进行的过程中考虑对学生有良好的教育影响，不做有损学生身心健康发展的事。

4. 发展性原则

这一原则要求我们把心理现象看作是一个不断变化的过程，用发展变化的观点去认识人的心理活动。任何心理现象都不是静止不变的，它们会随着各种因素的改变而发展变化，即使是较稳定的心理特征，也存在着可塑性。我们必须以发展的眼光、发展的观点、发展的角度来看待各种心理现象，防止和反对静止地看待心理现象。

三、心理学研究的方法

进行心理学研究，必须坚持科学的态度，采用科学的方法。心理学研究的主要方法分为定量研究和定性研究两类（表1-1）。

第一章 绪 论

表1-1 定量研究和定性研究的比较

区别项目	定量研究	定性研究
研究目的	证实普遍情况，预测	解释性理解，提出新问题
对知识的定义	情境限制	由社会文化所建构
价值与事实	分离	密不可分
研究内容	事实、原因、影响、凝固的事物	事件、过程、意义、整体探究
研究层面	宏观	微观
研究问题	事先确定	在过程中产生
研究设计	结构性的、事先确定的、比较具体	灵活的、演变的、比较宽泛
研究手段	数字、计算、统计分析	语言、图像、描述分析
研究工具	量表、统计软件、问卷调查、计算机	研究者本人（身份、前设）、录音机
抽样方法	随机抽样，样本较大	目的性抽样，样本较小
研究情境	控制性、暂时性，抽象	自然性、整体性，具体
搜集资料的方法	问卷调查、统计表、测验、结构性观察、实验	开放式访谈、参与观察、实物分析
资料的特点	量化的资料、可操作的变量、统计数据	描述性资料、实地笔记、当事人引言

（一）定量研究

定量研究是指一种通过对事物可以量化的部分进行测量和分析，以检验研究者提出的有关理论假设的研究方法。定量研究方法有一套完备的操作技术，如抽样技术、资料搜集方法、统计分析方法等。常用的定量研究方法主要有实验法、问卷调查法、测验法等。

1. 实验法

实验法是有目的地严格控制和创设一定条件来引起被试者某种心理现象以进行研究的方法。该方法是近代科学普遍采取的研究方法，也是心理学研究的主要方法之一。实验法有两种形式：实验室实验法和自然实验法。

（1）实验室实验法

实验室实验法是在特设的实验室内利用一定的仪器进行心理实验，以获得人的心理现象的某些科学依据。这种方法的优点是控制严格，数据可靠，因果关系明确，结论经得起考验。但是，实验室实验法有一定的局限性，如实验情境有极大的人为属性，被试者若知道在被实验，会表现得不自然，实验结果难免受到被试者的动机、态度和情绪变化的影响。

（2）自然实验法

自然实验法又称现场实验法，是在日常工作、生活场景中适当地控制某些条件，以引起心理活动的研究方法。比如，为了研究翻转课堂对学习效果的影响，研究者可选择两个条件相近的平行班，在其他条件尽量相同的情况下，分别运用传统教学方法和翻转课堂教学法进行教学，最后考查两个班的教学效果的差异，从而验证假说，得出结论。自然实验法兼有定性研究方法中的观察法和定量研究中的实验室实验法的优点，既主动创设条件，又可在日常活动中进行。

2. 问卷调查法

问卷调查法是通过被试者书面回答的方式回答明确的问题，以研究其心理的方法。使用这种方法时要注意：所拟的问题不应脱离研究主题，并且问题表达要明确、清晰、易懂，不能模棱两可；提出的问题不能有暗示性；为了争取被试者的合作、实事求是地回答，要附有详细的填表说明；对于获得的材料要用统计学方法进行定量与定性分析。问卷调查法可以当场进行，也可以通过邮寄方式进行。问卷调查法的优点在于使用范围广，能比较迅速地获得大量资料，效率高，便于定量分析。但其不足是对被试者的态度不便进行控制，问卷回收率不受控制，获得的材料不能保证详尽。

3. 测验法

测验法是通过运用标准化的心理量表对被试者的某些心理品质进行测定来研究心理的一种方法。大多数的心理测验通常要求被试者回答一系列问题，然后通过被试者的回答来分析心理现象。测验法经常被用来研究个体之间心理品质的差异，以及个体行为各个方面的关系。例如，学校应用测验法可以获得入学新生的心理健康状态，进行有针对性的咨询引导。有些测验结果还可以作为今后预测行为的依据。

心理测验的种类较多，如智力测验、能力测验、成就测验、人格测验等。心理测验的最大优点是能数量化地反映人的心理发展水平和特点，具有间接性、相对性和客观性；但测验的有效性在很大程度上取决于测验量表的可靠性。

（二）定性研究

定性研究是指对事物进行描述，其研究的结果以文字陈述的方式加以表示的研究方法，它探讨的是人的心理活动和行为的独特的本质特征，主要是对被试者的心理活动和行为做解释性理解。常用的定性研究方法有观察法、访谈法、个案法。

1. 观察法

观察法是心理学研究中常用的方法之一，是指在日常生活条件下，有目的、有计划地通过被试者行为的外在表现以研究其心理活动规律的方法，又称自然观察法。例如，一些心理学者在研究婴幼儿心理发展的过程中，每天定时对选择的对象进行观察，并记录他们的活动，当材料累积到一定程度时，通过各种分析，从中找出婴幼儿心理发展的规律。著名儿童心理学家陈鹤琴就是采用观察法研究儿童心理活动并写成《儿童心理之研究》一书的；科学儿童心理学的奠基人——德国生理学家和实验心理学家普莱尔（W. Preyer）也是运用观察法对其儿子进行长期研究并写成《儿童心理》一书的。

观察法的主要优点是真实、客观。因为被试者是在正常生活未受干扰的情况下，自然表露出心理状态的，没有掩饰，不附加人为的影响，所以获得的材料较真实、可靠；同时，它又很简便，一般不需要什么仪器设备。

观察法的不足是被动性，即观察者处于被动地位，等待所需要的心理现象出现，因此花费的时间长；另外，所得的材料往往带有偶然性，同时，不易对观察到的现象及取得的材料做数量分析。

2. 访谈法

访谈法是研究者通过与被试者交谈，引导其以自我陈述的方式说出自己的想法、感受和体验，从而了解其心理特点的方法。谈话并不是漫无目的的，也不是任何一个人都可以成为访谈者。采用这种方法要注意以下几点：首先，研究者要根据自身的研究目的事先拟好谈话提纲，交谈时要注意把握内容与方向；其次，谈话应在轻松的氛围下进行，不能让被试者感到焦虑或者压力；最后，访谈者必须经过专业训练，具有一定的访谈技巧，并且访谈过程中对被试者的回答（包括反应的快慢、伴随的表情与动作、具体的内容等）要详细记录。访谈法的优点是简便易行，但得出的结论有时带有主观片面的成分。

3. 个案法

个案法是对被试者在较长时间里（一年、几年甚至更长时间）连续地进行观察，以便发现其影响某种行为和心理现象原因的方法。这是纵向研究的方法，是一种追踪研究。研究儿童心理时常用这种方法。例如，了解家庭教育中家长教育观念及亲子关系对儿童发展的影响就可以采用个案法。个案法便于了解心理发展的趋势，也能研究个别差异。但是采用个案法必须有耐心，持续研究，且研究设计必须合理可行。

心理现象是复杂多变的，在研究过程中，为获得大量准确的材料，可以选择几种方法，综合运用，或以一种方法为主，其他方法为辅。

第三节 心理学的发展历史

一、科学心理学的诞生

心理学是一门既古老又年轻的科学。在欧洲，心理学的历史可以追溯到古希腊柏拉图、亚里士多德的时代。亚里士多德（Aristotle，公元前384—前322）的《论灵魂》是历史上第一部论述各种心理现象的著作，他的思想影响到后来心理学的发展，对当代心理学思潮也有重要的影响。

心理学是在19世纪末独立成为一门学科的。1879年，德国心理学家、哲学家冯特（W. Wundt）在德国的莱比锡大学创建了世界上第一个心理学实验室，开始对心理现象进行系统的实验研究，标志着心理学从哲学中分离出来，成为一门独立的学科，因此，冯特也被称为"心理学之父""实验心理学之父"。

冯 特

冯特（1832—1920，图1-2），德国心理学家、哲学家，现代实验心理学的著名创始人之一。冯特出生在德国巴登的一个牧师家庭，早年习医。1856年，他在海德堡大学获博士学位；1857—1874年，在该校任教，曾开设生理心理学课程，并出版《生理学原理》；1875年，改任莱比锡大学哲学教授；1879年，创立了世界上第一个心理学实验室。冯特是构造主义心理学的奠基人。他主张用心理学研究直接经验。心理学的研究方法只能是实验性的自我观察或内省。冯特用这种方法研究了感觉、知觉、注意、联想等过程，提出了统觉学说，还根据内省观察，提出了情感三维说。他还主张用民族心理学的方法研究高级心理现象，这对社会心理学的产生和发展有重要影响。冯特的哲学思想是混乱的，在身心关系的问题上，他主张精神和肉体是彼此独立的序列和过程，因而陷入了二元论。他一生的著作很多，代表作有《生理心理学原理》《民族心理学》《对感官知觉理论的贡献》《心理学大纲》等。

图1-2 冯 特

二、科学心理学的发展

从科学心理学诞生至今的一百多年时间里,对心理学的研究内容和方向有着许多的争论,由此产生了不同的心理学派,它们对心理学的发展产生了重要影响。

(一) 构造主义心理学

构造主义心理学的创始人是冯特,代表人物是英国心理学家铁钦纳(E. B. Titchener)。构造主义心理学认为心理学应该研究人的意识经验。个体经验分为感觉、意象和情感三种基本元素:感觉是知觉的元素;意象是观念的元素;情感是情绪的元素。人的心理活动都是由这些元素构成的。构造主义心理学首创内省法,即个体对自己心理活动的内容与体验进行内省或反思。

(二) 机能主义心理学

机能主义心理学的创始人是美国心理学家詹姆斯(W. James),代表人物是杜威(J. Dewey)、安吉尔(J. Angell)和卡尔(H. Carr)。机能主义心理学主张心理活动或心理机能为心理学的研究对象,认为意识不是个别心理元素的集合,而是一种持续不断、川流不息的过程。机能主义心理学强调意识的作用和功能,而不像构造主义心理学那样强调意识的结构。例如,构造主义心理学关心什么是思维,而机能主义心理学则关心思维在人适应环境过程中的功能和作用。机能主义心理学推动心理学面向实际,在心理学的发展过程中产生了广泛和深远的影响。

(三) 行为主义心理学

行为主义心理学是美国心理学家华生(J. Watson)于1913年创立的,被称为"心理学的第一势力"。华生认为心理学不应该研究意识,而应该研究可观察和测量的行为,并以刺激与反应(S-R)之间的关系为研究的主要内容。行为主义强调以客观的观察和测量,而不是意识经验来记录人的行为;认为构成行为的基础是个体的反应,而某种反应的形成与相关刺激有关;人的行为不是生来就具有的,而是在生活环境中学习的结果。

行为主义强调研究可以观察的行为,并从刺激与反应之间的关系上客观地研究行为,而不从主观上加以描述。这种研究方法上的客观主义对心理学的发展产生了重大影响。

(四) 格式塔心理学

格式塔心理学的创始人是德国心理学家韦特海墨(M. Wertheimer),代表人物有考夫卡(K. Koffka)、苛勒(W. Kohler)等。格式塔是从德文"Gestalt"音译而来的,意思是"完形"或"整体"。格式塔心理学反对心理元素的观点,不同意行为主义所持的刺激-反应的观点,认为人的经验或行为本身是不可分解的,每一种经

验或活动都有它的整体形态。心理活动既不是由几个元素构成的,行为也不是单纯由一些反应堆积而成的,整体不能还原为各个部分、各种元素,部分相加不等于全体,整体先于部分而存在,并制约着部分的性质和意义。

(五)精神分析心理学

精神分析心理学的创始人是奥地利精神病医生弗洛伊德(S. Freud),被称为"心理学的第二势力"。该理论来自临床经验,对心理学乃至人类文化的影响很大,尤其是关于人格及心理治疗方面更突出。弗洛伊德用潜意识、生本能和死本能等概念解释人的内在动力,用口腔期、肛门期、性器期、潜伏期和生殖期等概念来解释人格发展历程,用"本我""自我""超我"等概念来解释人格结构。

(六)人本主义心理学

人本主义心理学是由美国心理学家马斯洛(A. Maslow)和罗杰斯(C. Rogers)在20世纪中叶创立的,被称为"心理学的第三势力"。人本主义心理学反对行为主义和精神分析,主张心理学的研究应以正常人为对象,研究真正属于正常人的心理活动,特别是蕴藏在人性中的无限潜力,通过改善环境和创设条件,以利于人的潜能充分发挥,从而达到自我实现的目的。

(七)认知主义心理学

认知主义心理学的创始人是纽厄尔(A. Newell)、西蒙(H. A. Simon)和奈瑟(U. Neisser)。认知主义心理学于20世纪50年代后期产生于美国,60年代蓬勃发展,70年代已成为西方心理学的一个主要学派和研究领域。它主张用信息加工、综合整体的观点,研究人的复杂认知过程。其主要特点有:一是承认人的主观能动性、意识的能动作用,强调在认知过程中,人总是利用过去的经验,使用一定的策略来获得和加工信息的。二是强调对人的认知过程要进行整体的综合分析。它不是把认知活动视为孤立的各种不同的认识过程,而是作为不同水平、不同阶段的整体性活动,主张进行综合分析;它含有辩证法的因素,对反对行为主义的机械论、弗洛伊德主义的非理性主义有积极意义;它对扩大心理学的研究方法、促进心理学的现代化、发展人工智能和计算机科学等均有所贡献。但是他们坚持实证主义和唯我论,忽视人的客观现实生活条件和实践活动的意义,忽视对生理机制的研究,存在类比的现象。

(八)建构主义心理学

建构主义心理学是一种关于知识和学习的理论,强调学习者的主动性,认为学习是学习者基于原有的知识经验生成意义、建构理解的过程,而这一过程常常是在社会文化互动中完成的。建构主义的提出有着深刻的思想渊源,它迥异于传统的学习理论和教学思想,对教学设计具有重要的指导价值。

综上所述，现代心理学派的产生均有一定的针对性，各有自己的哲学基础和自然科学根据，并有其贡献与局限。心理学要成为一门真正的科学，必须牢固地建立在辩证唯物主义理论基础之上，全面地接受辩证唯物主义与历史唯物主义的指导，既要反对代替理论，又要反对"取消论"。

心理学的第四势力——超个人心理学

超个人心理学是关于个人及其超越的心理学，是试图将世界精神传统的智慧整合到现代心理学的知识系统中的一个学派。它是 1960 年以来西方特别是美国社会经济、政治、文化和生活方式的产物，它反映了这个时代的人的生存状态和精神需求。它继承了许多古老的文化传统，特别是东方宗教哲学的遗产，并从现代物理学中吸取营养，以抗拒长期在心理学中占统治地位的还原论。它在心理学中的起源，可以追溯到詹姆斯（W. James）和荣格（C. Jung）等人的思想。马斯洛晚年的思想和工作为超个人心理学奠定了理论基础。阿萨鸠里（R. Assagioli）的心理综合是超个人心理学的第一个完整的治疗模型。维尔伯（K. Wilber）为当代超个人心理学整合现有心理学和世界精神传统提供了理论架构。当代的超个人心理治疗模型还包括：格罗夫（S. Crof）的全回归模型，沃西本（M. Washburn）的新荣格理论，阿里（H. Ali）的钻石理论，超个人精神分析，超个人的存在主义及身体中心的超个人学派。这些理论都表达了对人的自我及其超越的不同理解，以及进入精神本源的不同途径和策略。由致幻剂和静修所引起的意识状态是超个人心理学的两大研究领域，它们具有不同的治疗作用，但也有局限性。

超个人经验的主要特征包括：惊奇、确实、合一、普遍性和感染力。超个人心理治疗的临床法则主要有：乐观主义和希望中心，整体取向，多维度和多途径，精神成长的视野，以个体的发展水平为依据。超个人心理学在方法论上是以对象为中心的、多学科的、跨文化的，它强调精神体验的普遍性，认为人的成长要经过前个人、个人到超个人三个发展阶段或水平。超个人领域面临许多有待进一步研究的问题，如意识的状态与结构问题，超个人学派与后现代潮流的关系问题，精神病与神秘状态的关系问题，等等。

超个人心理学是一个引起激烈争议的领域，曾经有一些著名的心理学家批评超个人心理学，如罗洛·梅（R. May）和艾利斯（A. Ellis）。如何评价超个人心理学是一个很难的问题。超个人心理学的主要贡献在于：在心理学的对象问题上，它提出了一种最具包容性的人性模式，扩展了心理学的研究范围；在心理学的方法问题上，它提出了一种对象中心论的最具开发性的方法论模式；在心理学的任务问题上，它提出了一种最具综合性的理论与应用的模式；在心理学的学科性质与价值取向上，它突破了唯科学主义的局限，不再将心理学定位于科学的架构内，而是定位为有关人性的知识的研究；在心理学的应用问题上，它发展了新的心理治疗技术，扩展了心理学的应用领域；它还为现代人提供了一种崇尚宁静、和谐，追求超越和神圣的精神生活样式，以抗衡那种喧嚣的、浮躁的、物质利益至上的生存状态。超个人心理学的局限主要在于：缺乏坚实的哲学基础，在哲学的基本问题上缺乏明确的态度，归根到底是唯心论的、非理性的、神秘主义的；对虚幻经验的消极影响估计不足；对自己的研究对象缺乏明确的限定；试图超越伦理学，回避道德判断，对人性中恶的方面未能正确对待。

（有删改）

【本章要点】

作为绪论，本章从三个方面对心理学做了总体性介绍，分别是：

（1）阐述了心理学的研究对象，对心理现象做了基本的介绍。心理学是研究心理现象及其活动规律的科学。心理学把统一的人的心理现象划分为既相互联系又相互区别的三大范畴：心理过程、个性心理和心理状态。

（2）深入探讨了心理学研究必须遵循的基本原则和常用的方法。心理学研究的基本任务就是要揭露心理现象的发生、发展规律，探讨人的行为发生的真正原因。心理学的研究可以采用定量研究和定性研究两类方法，具体包括实验法、问卷调查法、观察法、访谈法、个案法等。在开展研究时，要根据实际需要选取恰当的方法，同时注意综合利用多种方法。

（3）介绍了心理学的发展历史，从亚里士多德到科学心理学的诞生，再到现代心理学的发展过程。心理学门派林立，主要有构造主义心理学、机能主义心理学、行为主义心理学、格式塔心理学、精神分析心理学、人本主义心理学、认知主义心理学和建构主义心理学。

【练习与思考】

一、单项选择题

1. 心理学是研究（　　）的科学。

A. 人的心理现象　　　　　　　　B. 教师教的活动

C. 教育中的心理及其规律　　　　D. 学生学的活动

2. 下列不属于心理过程的是（　　）。

A. 认识过程   B. 情绪和情感过程
C. 意志过程   D. 能力

3. 科学心理学的诞生是在（　　）年。
   A. 1878   B. 1879   C. 1903   D. 1880

4. 研究条件与日常条件有较大的差距，研究的结果存在一定局限性的研究方法是（　　）。
   A. 问卷调查法   B. 观察法
   C. 实验室实验法   D. 自然室实验法

5. 中国儿童心理学家陈鹤琴1925年写的《儿童心理之研究》第一章"照相中看一个儿童的发展"，发表他的儿子陈一鸣从一个半月到二岁七个月的生活照片86幅，展示婴儿的发展进程，这在当年可算是先进的研究方法。这种研究方法属于（　　）。
   A. 产品分析法   B. 个案法   C. 观察法   D. 实验法

二、简答题

1. 心理学的研究对象是什么？
2. 心理学研究的基本原则有哪些？
3. 心理学的研究方法有哪些？

第二章 注　意

【本章提要】

注意是一种紧张、积极的心理状态，是伴随心理过程的心理现象，但不属于心理过程，它总是与感知觉、记忆、思维、想象等心理过程联系在一起。人们的一切自觉的心理活动，几乎都是以注意状态为基础的，如学生的学习活动必须有注意的参与才能完成。人们在做任何事情时都需要注意的参与（例如，注意看、注意听等），才能真正地在活动中学有所获。

【学习目标】

- 掌握注意的概念。
- 掌握注意的种类。
- 掌握注意的品质。
- 了解注意的认知理论。

第一节　注意概述

注意是我们眼中非常熟悉的一种心理现象，我们常说的"聚精会神""全神贯注""专心致志"等就是指人处于高度注意的状态下。注意总是伴随其他心理过程而存在着，注意的状态是保证其他心理过程顺利进行的必要条件。

第二章 注 意

一、什么是注意

注意是人的心理活动对一定事物的指向和集中。注意常常指在纷繁复杂的环境中有选择地加工某些刺激而忽视其他刺激的倾向,即大多数状态下,注意是指选择性注意。

注意是一种心理状态,它不是一个独立的心理过程,它常伴随感觉、知觉、记忆、思维、想象、情绪、意志等心理过程而进行,并贯穿心理过程的始终。注意这一心理现象本身并没有自己特殊的内容,只是作为心理过程的一种组织特性而存在于心理过程之中。比如"注意看""注意听"等,注意的对象往往是看的内容和听的内容,因此,各种具体的心理过程才是注意的内容依托。

注意根据人的心理活动所指向和集中的对象性质,可以分为外部注意和内部注意,因为我们的注意对象既可以是我们以外的对象,也可以是我们自己内部的观念、情感和行为。前者属于外部注意,常常帮助我们对外部世界进行正确的觉察和反应。后者属于内部注意,常常帮助我们了解自己的心理活动,体验自己的情绪和情感,了解自己的思维过程,调节自己的活动及行为,所以内部注意更多关注自己,即个性心理特征,是发展自我意识的重要因素。

指向性和集中性是注意的两个基本特征。注意的指向性是指心理活动有选择地反映一些对象而离开其余对象,表现为对出现在同一时间的许多刺激的选择。例如,放学时学校门口同时出现很多人,但是你只注意到了你的妈妈。注意的集中性是指心理活动停留在被选择对象上的强度或紧张度,表现为对干扰刺激的抑制,它的产生及其范围和持续时间取决于外部刺激的特点和人的主观因素。例如,放学时学校门口同时出现很多人,你的眼中只有你妈妈,甚至看不到其他人的存在。

客观世界的丰富多彩及其复杂性和人的大脑的刺激反应特性,使身处其中的我们无法在同一时间内关注所有的对象,而只能感知到我们想要的少数对象。例如,浩瀚星空下,漫天的繁星我们只能同时关注到几颗,而不能看清楚所有的星星。当我们集中注意其中一个对象时,其余的对象便处于注意的边缘,甚至在注意的范围之外。注意是无时不有、无处不在的。我们常说没有注意到你,实际上说的是,此时的心理活动没有指向你,而是指向了其他的事物。

二、注意的功能

注意作为一种积极的心理状态,对心理活动起着积极的维持和组织作用,使人能够清晰、完整、深刻地反映客观事物,有利于个体对世界的认识。从更为具体的角度,一般认为注意有以下三种重要的功能。

1. 选择功能

这是注意最常见的功能，注意本身就是对信息进行选择，在日常生活中，人们所生活的环境中存在着大量的信息，但由于人脑的限制，人只能在同一时间内接受和处理有限的信息量。因此，注意的基本功能就是对这些信息进行选择，使人的心理活动接受和处理那些对个体有意义的或符合当前活动的刺激，同时避开那些对个体无意义的或会干扰当前活动的刺激，以保证人的心理活动能正常进行。

2. 保持功能

选择了一定的注意对象以后，为了有效地完成活动，我们还必须使注意力始终保持在活动对象上，直到该活动任务完成为止。注意保持功能的具体表现就是注意在某对象或活动上时间的延续。

3. 对活动的调节和监督功能

在众多的刺激中选择一种刺激进行注意，并在该刺激上保持一段时间，不仅如此，注意还可以控制活动向着一定的目标和方向进行，使注意适当分配和适时转移，保证工作和学习的正常进行。例如，上课时虽然学生在听讲，但他仍然能注意到自己盯着PPT上的某幅图像很久而没有注意到老师在讲什么内容，这时他注意到自己走神了，他可以调整自己的注意力重新回到老师的讲课上，因此，对学生来说，良好的注意力是学习活动的必备品质。学习时如果三心二意、心不在焉，常常会导致学习效率低下，即使花很多时间，也无法达到理想的效果。

苏联心理学家鲁利亚（A. P. Luria）指出：在心理学中，注意常被称为心理过程的选择性，注意应该被理解为保证分出对心理活动来说是重要的因素，以及维持和控制心理活动的过程。这些都充分体现了注意这一心理状态在人类活动中的重要作用。

三、注意对人类生活的重要意义

1. 注意是掌握知识的必要条件

教育家荀子指出："君子壹教，弟子壹学，亟成。"其中"壹"是一心一意的意思，也就是说，教师一心一意地教，学生一心一意地学，很快就能学会。在教学过程中，很多有经验的教师发现学生的很多学习问题都是由于注意力不集中导致的。学习成绩不好的学生往往不是因为他的智商低下，而是因为在学习过程中没有集中注意力。

2. 注意是提高活动效率的必要条件

除了学习活动外，任何的活动都需要集中注意力才能更好地完成，只有在完成活动时集中注意力，才能减少差错，提高活动效率。例如，在玩"珠行万里"的游戏时，人们只有集中注意力在持续滚动的珠子上面，才能避免在传递珠子的过程中出现掉落的情况。人在高度集中注意力的时候，感受性提高，知觉清晰，思维敏捷，在活动中反应迅速，使活动效率提高。

第二节 注意的种类

根据注意产生和保持时有无预定目的及是否付出意志努力，可以把注意分为无意注意、有意注意和有意后注意三种。了解各种注意的类型及其产生的条件，对于我们的学习、生活，特别是教学活动，有着非常重要的意义。

一、无意注意

（一）无意注意的含义

无意注意也叫不随意注意，指事先没有预定目的，也不需要有意志努力的注意。例如，全班正在认真上课，突然教室门口跑进来一条狗，同学们的目光都集中到狗的身上。当人产生无意注意时，人的意识处于较低的控制水平。由于无意注意常常对人的活动效益带来不利影响，所以又被称为消极注意。它是注意的初级形式，是人的低级心理机能。在许多场合，无意注意可以产生重要作用。例如，在做广告时，为了吸引公众的无意注意，在产品包装、广告宣传中都要设计一些容易引起无意注意的元素。

（二）引起无意注意的原因

一般来说，产生无意注意的因素可以归纳为两个方面：刺激物的特点和人本身的状态，下面分别进行阐述。

1. 刺激物的特点

第一，刺激物的强度。刺激物的强度是引起无意注意的重要原因。强烈的刺激物，如一声巨响、一道强光、一股浓烈的气味，都会引发人们不由自主的注意。第二，刺激物之间的对比关系。当两个刺激物同时出现且对比强烈时，更容易引起人的无意注意。例如，在喧闹的大街上，大声说话不大会引起别人的注意；但在安静的图书阅览室内，轻轻的耳语也能引起人们的注意。第三，刺激物的活动和变化。根据无意注意产生的规律，当刺激物处于活动或变化过程中，更容易引起人的无意注意。例如，当人们行走在街上，烧烤店门口一闪一闪的灯串很容易引起人们的关注。第四，刺激物的新异性。一种独一无二的刺激更容易引起人的无意注意。例如，走进教室，那些穿着汉服的学生一下就吸引了老师的注意，就是因为汉服造型与学生平常的穿着打扮相比具有新异性。

2. 人本身的状态

除了以上客观刺激物的特点会影响无意注意外，人本身的状态也是引起无意注意的一个很重要的主观因素，主要体现在以下方面。

第一，人对事物的需要和兴趣。由于人对某些事物非常感兴趣，这种心态可能使人产生期待的心理和积极的态度。例如，一个教育工作者在网络上搜寻各种资料时，那些与教育相关的信息自然而然就会引起教育工作者的注意。第二，人当时的情绪状态和精神状态。人的心境在很大程度上影响着无意注意。例如，当一个人心情愉快、心胸开阔时，平时不太容易引起注意的事物，这时候也很容易吸引他的注意；当一个人身体疲惫时，即使再特别的刺激物，恐怕也入不了法眼，无法进入个体的注意范围。

天津师范大学阴国恩教授等的研究表明，儿童无意注意的发展先随着年龄增大而增长，至初中二年级达到最高水平，而后出现缓慢下降的趋势，其趋势发展如图2-1所示。

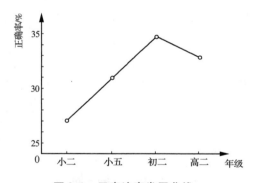

图2-1　无意注意发展曲线

分析影响无意注意的因素给我们的教学带来了很多的启发。例如，我们可通过控制教学刺激物的特点，来达到促进教学、消除干扰的目的。主要的措施有：首先，优化教学环境，如教室内不宜有过多的装饰物和张贴画，教学楼应远离马路和运动场，等等。其次，教师讲课要控制音量，注意语音和语调的变化。重点内容要在音量和音调上予以突出，以引起学生的无意注意，还可以在上课过程中融入适当的手势和表情。再次，教学形式要多样化，根据教学内容适当运用提问、讨论、角色扮演、实验等方法综合进行教学。

二、有意注意

（一）有意注意的含义

有意注意也叫随意注意，指有预定目的、需要做出一定意志努力的注意。有意注意受意识控制，而且常常与克服困难相联系，受到既定目的和任务的影响，又受到人的意识的自觉调节和支配。例如，我们在学习中，经常会遇到一些不想做而又不得不完成的任务，在完成任务的过程中也会遇到一些困难或外界干扰，这时要保证活动的顺利进行，必须通过有意注意的调节，使心理活动保持和集中在当前任务上。有意注意是一种高级的注意形式，即使在没有具体刺激存在的情况下，人也能够通过内部言语形式，根据一定的任务要求使心理活动保持和集中在当前的任务上。例如，当学生在学习过程中，意识到自己走神时，学生会通过自我对话把注意力转移到当前学习活动中。

（二）引起和维持有意注意的方法

1. 明确活动目标

如果一个教师能做到每次上课之前都跟学生明确本节课的重点内容，那么学生在上课时就能有针对性地去注意主要的课程内容，有效地维持有意注意在重点内容上。人们对从事活动的目标越明确，对实现活动目标的意义越理解，完成任务的愿望就越强烈，从事活动时也就越容易集中注意力。

2. 培养间接兴趣

直接兴趣是指个体对活动过程本身感兴趣，它在无意注意中起重要作用。例如，学生参加物理兴趣小组，是因为对物理学科感兴趣。间接兴趣是个体对活动结果感兴趣，在有意注意中起重要作用。例如，当学生即使对学习不是很感兴趣，但是意识到学习对自己的未来会产生重要影响时，在学习活动中依然可以投入大量的时间和精力来维持自己的有意注意，认真地完成学习活动。

3. 合理组织活动

组织活动时如果能有效合理地组织，按照活动的规划进行安排，参与活动时学生也会更容易维持有意注意。例如，课堂上按照"回顾上一堂课所讲内容—导入课堂—讲授知识—总结本堂课所学知识"的顺序来安排教学就能有效地促进活动完成。如果做事没有头绪，就会一盘散沙，活动效率会很低，甚至没有办法完成预定的任务。

4. 培养坚强的意志力

有意注意是需要意志力来维持的。特别在一些理论性的学习活动中，大多数时候学习的过程都是非常枯燥和艰苦的，无意注意无法维持较长的时间和较稳定的学习状态，还需要个体调动有意注意。因此，课堂活动中师生都必须学会运用有意注意规律，保持良好的状态，提高教与学的效率。个体需要有意识地磨炼自己的意志，增强学习中克服困难和抗干扰的能力，以使学习取得较好的效果。

三、有意后注意

有意后注意是注意的一种特殊形式，它有自觉的目的，却不需要意志努力。它具有高度自觉性、保持时间较长、消耗精力少、不容易疲劳等特点。有意后注意同时具备有意注意和无意注意二者的部分特征。它与有意注意一样具有自觉的目的，通常与特定的目标、任务相关联，同时，它又无须意志的努力，这与无意注意的特征相符。例如，你在刚取得驾照之后，刚开始上路时你总是需要有意注意自己接下来要如何进行操作；但当你开车很熟练后，你几乎不需要在脑海中思考接下来要如何进行操作，这就是有意后注意。

三者的区别见表2-1。

表2-1 注意的种类

注意类型	注意概念	性质	举例
无意注意	没有预定的目的，也不需要有意志努力的注意	低级、自发的	窗外的歌声
有意注意	有自觉的目的，也需要意志努力的注意	高级、自觉的	学习、听课
有意后注意	有自觉的目的，却不需要意志努力的注意	最高级、自觉性程度很强	电脑打字"盲打"，打毛衣不用看，司机熟练开车

第三节 注意的品质

一、注意的广度

注意的广度也叫注意的范围，是用注意在很短时间内所能把握的数量来进行衡量的，是指在同一时间内个体能清楚地把握的对象的数量，这是注意在空间上的特征。研究表明，在同一时间内，人所能清楚地注意到的对象的数量是有限的。心理学家用速视器在1/10秒的时间内呈现几个客体（如数字、几何图形、外文字母或汉字等），其整个过程由计算机控制。由于人的视觉在1/10秒的时间内来不及发生转移，因此这时被试者对眼前呈现的刺激物的瞬间知觉几乎是同时的，其数量可作为注意的广度。研究结果表明，成人注意的平均广度是：黑色圆点8~9个，彼此无联系的外文字母4~6个，几何图形3~4个，彼此无联系的汉字3~4个。

人的注意的广度在不同的情境之下会发生不同的变化，研究表明，影响注意的广度主要有两个方面的因素。

1. 注意对象的特点

在知觉任务相同的情况下，注意的广度会由于注意对象特点的改变而发生相应的改变。一般说来，注意的对象一致性越强，排列得越整齐、越集中、越有规律，就越能形成有联系的整体，注意的范围就越大。例如，成人一般只能注意8~9个黑色的圆点，但如果以3~4个圆点为一组，呈有规律地排列，人注意的范围就能扩大3~4倍，可注意到20个以上的圆点；颜色相同的字母要比颜色不同的字母的注意范围要大些；组成词的字母又比彼此之间毫无联系的字母的注意范围要大些。同时，信息量大且复杂的事物，人的注意的广度就会变小；反之，信息量小且容易的事物，人的注意的广度就变大。例如，人对黑色圆点的注意的广度比几何图形的大，就是因为几何图形比圆点包含的信息更为复杂（图2-2）。

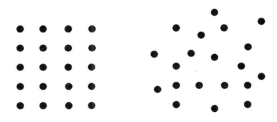

图2-2 影响注意广度的因素

2. 主体的知觉任务与知识经验

当知觉对象相同，而知觉任务和个体知识经验不同，注意的广度就会有一定的变化。知觉活动的任务越多，人的注意的广度就会变小；知觉活动的任务越少，人的注意的广度就会变大。例如，一个人在掌握英语单词时，如果只要求记住怎么写，那么注意的广度就比既要记发音又要记拼写更大。知识经验是影响注意的广度的另外一个重要因素：一个人在某一方面的知识经验越丰富，他对这方面的注意范围就越广阔；相反，知识经验越贫乏，注意范围就越狭小。例如，某一个领域的专家会比新手的注意范围广得多。开始学阅读的孩子阅读速度很慢，而成人在阅读的时候可做到一目十行。

二、注意的稳定性

注意的稳定性是指对选择的对象注意能稳定地保持多长时间的心理品质特性。注意的稳定性有狭义和广义之分。狭义的注意的稳定性是指注意保持在同一对象上的时间。广义的注意的稳定性是指注意保持在同一活动上的时间，并不总是指向同一对象，虽然注意的对象和行动会变化，但总的方向和任务没有发生变化。人的感受性不能长时间地保持稳定状态，会出现周期性的变化，这种现象被称为注意的起伏。注意起伏的现象可以发生在多种感觉现象中，如图2-3所示，当人们紧盯着中间的正方形时，会发现正方形出现前后的起伏运动。在听觉方面，把一只怀表放在离被试者耳朵一定距离的地方，使他刚能听到表的滴答声，当被试者把注意力集中在表的声音上时，会发现有时候能听到声音，有时候又听不到声音。注意的起伏是注意的一种基本规律，也是狭义的注意不稳定的表现。一般认为注意的起伏是由外周感受器官和中枢的适应过程造成的。在发生适应现象以后，感受性减弱，然而由于刺激物又作用于新的感受细胞，或者感受器官经过一个恢复过程，感受性又会再度提高。

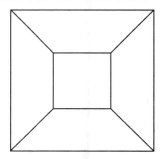

图 2-3 注意的起伏

注意的稳定性与注意对象的特点和人的主观因素有关，具体表现在以下两个方面。

1. 注意对象的特点

注意对象的特点对注意的稳定性有着重要影响。刺激物的强度越强、刺激持续时间越长，就越有利于维持注意的稳定性，此外，活动的物体比静止的物体更容易维持注意的稳定性，刺激物越复杂也越有利于维持注意的稳定性。

2. 主体的主观因素

人的身体状况、兴趣、积极性等也会影响注意的稳定性。人在精力充沛、充满活力、情绪良好时，容易维持注意的稳定性。如果个体对所从事的活动有明确的目标、积极的态度、浓厚的兴趣，注意也能较长时间保持稳定。

注意还有一种现象是注意的分散，即我们常说的分心。注意的分散是指注意离开了当前应指向和集中的对象，而指向与当前任务无关的其他对象的现象。例如，上课时被窗外鸟儿的叫声吸引而没有注意课堂上老师的讲解。无关刺激的干扰、疲劳、情绪不好等都会导致个体出现注意分散的现象。有心理学家研究发现，儿童出现注意分散的现象，往往是成年人不良的养育方式造成的。例如，当儿童专心致志学习时，有些成年人会干扰、转移他的注意力，让儿童回答与学习无关的问题、从事与学习无关的活动，而这种干扰多次的重复就会变成习惯，造成学生学习时容易出现注意分散的现象。此外，个体的神经过程强度也是导致注意稳定性个别差异的重要原因，神经过程强的人，大脑皮层中的优势兴奋中心得到了加强，活动的效率会提高；而神经过程弱的人，注意力则容易分散。

三、注意的分配

注意的分配是指在同时进行两种或两种以上的活动时，个体可以把注意指向不同对象的心理现象。例如，歌手可以边唱边跳，司机开车时可以一边开车一边注意周围的道路情况。

有人在1887年进行了一项注意分配的实验。研究发现，一边口诵一首熟悉的诗，一边手写另一首熟悉的诗，是可以做到的。还有试验证明，在被试者控制双手调节器的动作异常熟练以后，被试者在控制双手调节器的同时，也可以进行心算。这些都说明，并不是在任何情况下，人们都能同时圆满地完成两种工作，但同时把注意指向两个或两个以上的对象，也不是完全不可能的，关键是需要有一些必要的条件。

注意分配有不同的水平，它会受到人对活动的熟悉程度、活动性质及同时进行的几种活动的关系等条件的影响，个体能进行注意分配的条件有以下三点。

1. 主体对活动的熟悉程度

要实现注意分配，必须在同时进行的几种活动中，最多只有一种活动是不熟悉的。其他活动由于非常熟练已经形成了有意后注意，不需要意志努力，行为已经自动化了，这时注意的中心主要集中在不熟悉的活动上。例如，妈妈织毛衣时可以边织毛衣边看电视，是因为妈妈对织毛衣这项活动已经非常熟悉，达到了自动化的程度，那么妈妈就可以把注意力集中在电视内容上了，有效地实现了注意的分配。

2. 活动的性质

技能活动包括智力技能活动和动作技能活动。个体把注意分配在几种简单动作活动上就比较容易，如一边开车一边关注路况；而把注意同时分配在几种智力活动上就难得多，如同时背诵一首诗歌和心算两位数的乘法是很难进行注意分配的。

3. 同时进行的几种活动之间的相互关系

同时进行的几种活动之间相互关联，或经过训练使复杂活动形成固定的反应系统，就容易形成注意的分配。例如，汽车驾驶员通过训练形成一套驾驶汽车的反应系统后，就可以毫不费力地把注意分配在交通信号、行人、驾驶操作系统等方面，完成有关的反应动作。

注意分配能力可以在实践活动中得到锻炼而逐步形成并发展起来。例如，新教师在刚开始上讲台上课时往往只能顾及讲课的内容，而无法同时注意学生在课堂上的反应或课堂纪律；而有经验的教师就能做到在课堂上"眼观六路，耳听八方"，时刻关注所讲的内容和课堂情况。很多注意分配都是长期锻炼的结果，如飞行员、驾驶员能熟练地同时进行各种操作。

四、注意的转移

注意的转移是指个体根据活动要求有意识地把自己的注意从一个对象转移到另一个对象上的过程，它体现了个体注意的灵活性。例如，课间同学们在打打闹闹，上课铃声响起之后同学们马上把注意力转移到课堂上。注意的转移有三种情况：① 心理活动未变，注意对象发生变化，如由看电视转移到看图书。② 注意的对象未变，心理活动发生变化，如由听生字的读音转移到写生字。③ 心理活动与注意的对象都变了，如由玩游戏转移到看电视。

注意的转移和注意的分散是不同的。注意的转移是根据活动的需要，主动地把注意从一个对象转向另一个对象，或从一种活动合理地转为另一种活动。注意的转移是注意品质的良好体现。而注意的分散则是被动的，它是在个体处于有意注意的情况下，受到无关刺激的干扰而发生注意转移的情况，注意的分散使个体的注意由当前需要注意的任务转移到了无关的活动，是一种消极注意。

注意转移分为完全转移和不完全转移。注意的完全转移是指注意从前一个活动全部转移到另外一个活动。注意的不完全转移是指个体已经进行新的工作，但实际上注意力又没有脱离原来的工作。如学生课间发生了一点小矛盾，闹得很不愉快，上课铃响后虽然学生已经开始听课，但是总时不时想着刚刚不开心的事情，这样学生的学习效果就会很差。注意的转移对于人从事各种活动都很重要，若不能及时地把自己的注意从一种活动转向另一种活动，就会影响活动的顺利进行。例如，飞行员在飞机起飞或降落几分钟内，需要实现的注意转移次数多达 200 多次，如果飞行员不能及时完全转移注意，则容易造成很严重的后果。

注意的品质概括起来如表 2-2 所示。

表 2-2　注意的品质

注意品质	概念	特征	举例
注意的广度	同一时间内个体能清楚地把握的对象的数量	数量特征	一目十行
注意的稳定性	对选择的对象注意能稳定地保持多长时间的心理品质特性	时间特征	从头到尾完成……活动
注意的分配	在同时进行两种或两种以上的活动时，个体可以把注意指向不同对象的心理现象	范围特征	边唱边跳
注意的转移	个体根据活动要求有意识地把自己的注意从一个对象转移到另一个对象上的过程	灵活性特征	"从……到……""上完语文课，将注意力转移到数学课上"

第四节 注意的认知理论

实验心理学的建立，促进了人们对注意这一心理现象的研究。机能主义心理学代表人物詹姆斯认为，意识经验就像在广阔草原上流动的小溪，通过选择，我们的全部印象中只有一部分进入我们的意识经验。构造主义心理学代表人物铁钦纳认为，注意是"全部心理学概念系统的生命的神经中枢"。20世纪初，行为主义心理学兴起，从理论上排除了对注意的研究。直到20世纪五六十年代，注意又重新受到人们的重视。特别是认知心理学的兴起，重新肯定了意识活动，强调了认知过程的主动性，使注意问题研究进入了一个新的发展阶段。认知心理学家们提出了一系列注意的认知理论，下面就几个典型的理论进行介绍。

一、注意的过滤器理论

英国心理学家布罗德本特（D. E. Brodbent）根据双耳分听的系列实验在1958年提出过滤器理论。他认为人的神经系统加工信息的容量是有限的，不可能对所有的感觉信息进行加工，这样就需要一个过滤器对信息进行选择，选择较少的信息进入高级分析阶段，其他信息则被阻断在外，这样可以避免信息超载。过滤机制按"全或无"的原则工作，即一部分信息可以通过这个机制，并接受进一步的加工，而其他信息则被完全阻断在它的外面，彻底丧失了。该假设能说明人们按物理特性进行反应，即新异的、强烈的刺激更容易通过过滤器，却无法解释微弱的敏感刺激也可以引起人的注意。

二、注意的衰减器理论

注意的衰减器理论由美国心理学家特瑞斯曼（A. M. Treisman）在1960年提出。她在双耳分听的实验中发现，来自非追随耳的信息依然受到了加工。因此，她承认过滤器的存在，但认为过滤器并不是按照"全或无"的方式工作，它既允许信息从注意到的通道中通过，也允许信息从没有注意到的通道经过，只是后者受到衰减，但没有完全消失。通过过滤器分析之后，被衰减和未被衰减的信息全部进入大脑，而大脑对这些信息的激活阈限不同。由于过去知识经验的作用，那些对人具有重要意义的信息的激活阈限要比不重要的信息的激活阈限低，故对人具有重要意义的信息更容易被激活，即使当有关的输入信息受到衰减时，也能引起知觉，只不过不易被知觉。例如，人在嘈杂的环境中却很容易听到别人叫自己的名字。该假设能很好地解释意义刺激所引起的反应,但不能解释为什么人们会按意义刺激进行反应而不按物理特性进行反应。

三、注意的后期选择理论

后期选择理论认为,过滤器不在于选择知觉刺激,而在于选择对刺激的反应,个体输入的信息在进入过滤装置或衰减装置之前已得到充分分析,再进入过滤或衰减装置,选择是发生在加工后期的后期反应阶段。人对重要的刺激做出反应,对不重要的刺激没有反应。后期选择理论的观点在双耳分听实验中得到证实,实验中向被试者的双耳同时呈现一些词语,包括靶子词,且随机呈现在右耳或左耳,数量也相同,要求被试者不管哪只耳朵听到靶子词,都做出反应。结果发现,左耳和右耳对靶子词的反应正确率很接近。

四、注意的认知资源理论

以色列心理学家卡尼曼(D. Kahneman)认为,注意是一种有限的认知资源,对刺激的加工需要占用认知资源,刺激越复杂或加工越复杂,占用的认知资源越多。信息输入本身并不自动地占用认知资源,在认知系统内,有一个机制专门负责资源的分配。个体对认知资源的分配是灵活的,人可以根据情境把认知资源分配到重要的新异刺激上。例如,一个熟练司机可以毫无困难地一边开车,一边和别人交谈,说明司机把自己有限的认知资源用来加工与别人交谈的内容。

小学生注意力的培养

一、保持严格的课堂纪律

小学生在成长和学习过程中,必须得到良好的干预和引导,要促使他们保持有规律地学习,减少各种注意力不集中的现象,最大限度地帮助小学生获得较大的进步。结合以往的教育经验和当下的教育标准,认为小学生注意力的培养过程中,需要严格课堂纪律。没有规矩不成方圆,课堂也是一样。如果没有严格的课堂纪律,则无法保障课堂教学秩序的正常进行,同时严格的课堂纪律也是帮助小学生集中注意力的重要保障。因而,教师在教学过程中应该维持严格的课堂纪律,为小学生的学习提供一个良好的学习氛围,规定小学生在课堂上不允许做小动作,也不能打扰其他同学的学习,从而帮助小学生集中注意力。由此可见,为了让小学生的注意力得到充分的提升、巩固,必须严格执行课堂纪律,同时对所有学生要一视同仁。例如,当班级内部的优等生犯错误,或者在课堂上违反了纪律,依然要接受惩罚,这样做的好处在于，老师平等地对待每一位学生，老师的威信自然就提高了。

二、优化课堂设计

从主观的角度来分析，小学生之所以会出现注意力不集中的现象，与课堂设计的缺失存在一定关系，如果教师所讲解的内容不能让小学生十分感兴趣，或者让小学生产生强烈的厌烦情绪，学习效果自然达不到预期。建议优化课堂设计，可从以下几个方面出发：第一，运用多媒体技术完成教学。可以利用音频、视频、PPT 等方法来展现教学内容，学习内容更加生动、有趣，让学生在感受现代技术的同时，对课堂知识有一个深入的了解，逐步减少以往的不良习惯。第二，在课堂设计过程中，可以适当邀请小学生来讲解。例如，在对某一道典型例题进行分析时，可以让掌握较好的同学上台讲述，这样对其他小学生有充分的吸引力，教师也可以对小学生的表情、学习习惯、学习状态等做出详细的记录，便于在下一堂课中做出相应的改进。

三、密切关注学生的动态

在培养小学生注意力的过程中，不能总是从教师的角度出发，还应对学生的动态做出密切的关注。例如，有些小学生在课堂上会出现精神恍惚的现象，此时，教师不能急于对学生开展批评，应该观察小学生是否出现了强烈的身体不适，是否遭受到了较大的精神打击，要先缓解其精神紧张状态。如果学生的状态依然没有好转，则需要赶紧就医，避免造成身体状况的进一步恶化。从既往的教育来看，有很多教师并没有对学生的动态积极关注，总是在学习上提出较高的要求，这就很容易促使教育工作在错误的道路上前进，出现了很多不好的现象，在社会上引起了强烈的反响。在培养学生的注意力时要根据他们的动态状况及时调整。

（有删改）

【本章要点】

本章从四个方面对注意这一心理状态做了总体性介绍，分别是：

（1）阐述了注意的概念及功能，注意是人的心理活动对一定事物的指向和集中。注意具有指向性和集中性两个特点，注意是一种心理状态，它存在于任何一种心理过程中，并影响人的心理发生、发展。注意具有选择功能、保持功能、对活动的调节和监督功能。

（2）深入探讨注意的三大基本类型：无意注意、有意注意、有意后注意。运用丰富的例子深入浅出阐述每种注意类型的特点，从有无目的和意志努力两个方面区分三种注意类型。同时还阐述了三种注意类型产生和维持所需要的条件，比较全面而详尽地介绍了不同的注意类型的异同。

（3）详细阐述了注意的四大品质，即注意的广度、注意的稳定性、注意的分配、注意的转移，同时还介绍了注意的起伏和注意的分散。并认为人的注意品质与先天因素有关，但主要受到后天的生活实践及教育、训练等因素的影响。

（4）介绍了四种主流的注意认知理论，分别包括注意的过滤器理论、注意的衰减器理论、注意的后期选择理论、注意的认知资源理论。

【练习与思考】

一、单项选择题

1. 在一（1）班的美术活动中，王老师让孩子们穿上了印有Kitty猫的围裙，这个围裙太有吸引力了，孩子们忍不住左摸摸、右看看，王老师几次提醒孩子们不要看围裙，要集中注意力听老师说话，都没效果。这是因为围裙引起了学生（　　）。

　　A. 注意的分配　　　　　　　　B. 注意的转移
　　C. 注意的广度　　　　　　　　D. 注意的分散

2. 小学生旺仔做作业时很容易受其他同学的干扰，同学们的一举一动都会分散他的注意力。这反映的是旺仔的（　　）。

　　A. 注意的广度　　　　　　　　B. 注意的分配
　　C. 注意的稳定性　　　　　　　D. 注意的转移

3. 工人操作机器时，能够熟练做到眼、耳、手并用。这体现的注意品质是（　　）。

　　A. 注意的分散　　B. 注意的转移　　C. 注意的分配　　D. 注意的广度

4. 学生初学文言文时兴趣比较低，只是为了完成任务而学习。随着对基础知识的掌握，学生对文言文产生了兴趣，开始凭借兴趣自然而然地将注意力集中到学习上。这时学生的注意属于（　　）。

　　A. 有意注意　　B. 随意注意　　C. 无意注意　　D. 有意后注意

5. 学生上课时思想开小差，心不在焉，教师突然加重语气是为了使学生产生（　　）。

　　A. 知觉　　　B. 想象　　　C. 无意注意　　D. 有意注意

6. 百米竞赛的预备信号与起跑信号间隔2秒比较合适，若相隔时间太长才发起起跑信号，就会影响运动员的成绩，原因是（　　）。

　　A. 注意的选择性　　　　　　　B. 注意的分配
　　C. 注意的起伏　　　　　　　　D. 注意的指向性

7. 视而不见、听而不闻体现了注意的（　　）特征。

　　A. 指向性　　B. 集中性　　C. 转移　　　D. 维持

8. 小学生随着知识经验的积累、思维的发展及阅读技巧的形成，先一次就能看到整个句子，再往后能同时看到句和句之间的关系，这表明其（　　）。

A. 注意的广度增大了　　　　　　B. 注意的稳定性提高了

C. 注意的分配增强了　　　　　　D. 注意的转移增强了

9. 老师要求小明去观察蝴蝶的体态和活动，这时小明的注意属于（　　）。

A. 有意后注意　　　　　　　　　B. 无意注意

C. 不随意注意　　　　　　　　　D. 有意注意

二、简答题

1. 注意分为哪几种类型？

2. 注意的品质有哪些？

第三章 感觉和知觉

【本章提要】

人对世界最初的认识是从感觉开始的,感觉是人最简单的心理现象,是一切较高级、较复杂的心理现象的基础;知觉是对感觉信息的分析与组织。感觉和知觉为人的心理活动提供了内外环境信息,实现了人与环境的信息互动与平衡,让人们看到五彩缤纷的世界,听到美妙绝伦的音乐,品尝到珍馐美味。也正是有了感觉和知觉,才会有记忆、想象、思维等高级复杂的心理活动的出现。

【学习目标】

- 理解感觉和知觉的定义。
- 熟悉感觉和知觉的种类。
- 认识感觉和知觉的基本规律。
- 掌握感觉和知觉规律的运用方法。

第一节 感觉和知觉概述

在日常生活中我们常常会用到"感觉"这个词,比如"我感觉很不舒服""我感觉这件事不可能做到",等等,这里的"感觉"是不是就是我们的心理现象"感觉"呢?

第三章 感觉和知觉

一、感觉和知觉的概念

(一) 感觉的概念

在心理学中,感觉到底是什么?我们能看到鲜花,感受到阳光的温暖,听到别人叫你的名字,闻到香水味,这都是感觉。感觉就是人对直接作用于感觉器官的事物的个别属性的反映,它是最简单的心理过程,是一切复杂心理过程的基础。

感觉虽然简单,但对人的生活意义重大。首先,感觉为人们提供了内外环境的信息,是人认识世界的开端。人们通过感觉认识客观刺激物的各种属性,认识自身内部的各种状态,从而调节自己的行为,进行正常的生活。其次,感觉保证了机体与环境的信息平衡。人只有从环境中不断地获得信息,才能在环境中生存,如果缺乏必要信息,或者信息超载,都会使人产生痛苦,甚至无法生存,"感觉剥夺实验(Sensory Deprivation)"就证明了这点。最后,感觉是一切高级和复杂心理活动的基础,是维持正常心理活动、保证机体与环境的信息平衡的重要保障。如果没有感觉,人就不可能获得信息,就更无法完成复杂信息的分析与加工,高级心理活动如记忆、想象、思维等,就不可能出现。

感觉剥夺实验

感觉剥夺对人究竟有什么影响?不同的实验得出了相反的结论。

一、对人不利的感觉剥夺

第一个以人为被试者的感觉剥夺实验是由贝克斯顿(W. H. Bexton)、赫伦(W. Heron)、斯科特(T. H. Scott)于1954年在加拿大的一所大学的实验室进行的。被试者是自愿报名的大学生,每天的报酬是20美元(当时大学生打工一般每小时可以挣50美分),所以大学生都极其愿意参加实验。

所有的被试者每天要做的事是24小时躺在有光的小屋的床上,时间尽可能长(只要他愿意)。被试者有吃饭的时间、上厕所的时间。严格控制被试者的感觉输入,如图3-1所示。给被试者戴上半透明的塑料眼罩,可以透进散射光,但没有图形视觉;给被试者戴上纸板做的套袖和棉手套,限制他们的触觉;让被试者头枕在用U形泡沫橡胶做的枕头上,同时用空气调节器单调的嗡嗡声限制他们的听觉。

实验前,大多数被试者以为能利用这个机会好好地睡一觉,或者考虑论文、课程计划等。但后来他们报告说,对任何事情都不能进行清晰的思考,哪怕是在很短的时间内。他们不能集中注意力,思维活动似乎"跳来跳去"。感觉剥夺实验停止

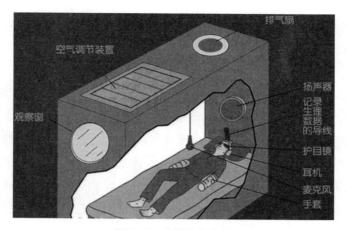

图 3-1 感觉剥夺实验

后，这种影响仍在持续。

具体地，对于简单的作业，如词或数字的记忆，感觉剥夺实验没有对被试者造成任何影响；对于中等难度的作业，如移动单词中的字母问题，感觉剥夺实验对被试者也没有什么影响；对于复杂的问题，如需要高水平语言能力和推理能力的创造测验、单词联想测验，接受过感觉剥夺实验的被试者不如未接受感觉剥夺实验的被试者的成绩好。感觉剥夺实验影响了被试者复杂的思维过程或认识过程。

从感觉剥夺实验中，还发现一个意想不到的结果，那就是接受感觉剥夺实验的被试者中有50%报告有幻觉，其中大多数是视幻觉，也有被试者报告有听幻觉或触幻觉。视幻觉大多在感觉剥夺实验的第三天出现。幻觉大多是简单的，如光的闪烁，没有形状，常常出现于视野的边缘；听幻觉包括狗的狂吠声、警钟声、打字声、警笛声、滴水声等；触幻觉的例子有，感到冰冷的钢块压在前额和面颊，感到有人从身体下面把床垫抽走。

二、对人有益的感觉剥夺

有人认为，感觉剥夺实验不会对大多数人造成困扰；相反，它能减轻压力，有助于人们积极地面对生活。聚德费尔德（P. Suedfeld）曾以吸烟者、肥胖者为被试者进行实验，发现对他们的感觉输入进行限制，有助于修正他们的行为。当他们在一个限制刺激的环境中待24小时，那些想改变行为的人的自控能力会增强。

在贝斯特（A. Best）和聚德费尔德的实验中，吸烟者在一个安静的黑屋子的床上躺24小时（可以起来喝水、上厕所），同时听着有关吸烟不利的话。在随后的一个星期内，没有人再吸烟。一年后，2/3的人仍不抽烟，其数量是只听吸烟不利的话而没有限制感觉输入的不再吸烟者的两倍。

（有删改）

（二）知觉的概念

知觉是人脑对直接作用于感觉器官的事物的整体属性的反映。知觉是个体选择、组织并解释感觉信息的过程。在实际生活中，人们虽然以感觉作为一切心理活动的开端，但都以知觉的形式来反映事物。知觉是人对感觉信息的组织过程。在日常生活中，我们很少有孤立的感觉，人的大脑总是不断地对输入的感觉信息进行加工组织，最后形成整体事物的形象。例如，看到一个圆圆的、红红的、闻起来非常清香的事物，大脑立马对这些感觉信息进行加工，然后形成了一个苹果的形象，这就是知觉。

感觉是知觉产生的基础，但知觉并不是各种感觉的简单相加总和，在知觉过程中除了感觉之外，还包含记忆、思维、言语等心理活动，它是高于感觉的认识活动。

二、感觉和知觉的区别及联系

（一）感觉和知觉的区别

（1）感觉是个体共有的普遍现象，是以生理作用为基础的简单的心理过程；而知觉是具有个别差异的心理活动，是加入了个体主观因素的较复杂的心理过程。

（2）感觉是单一分析器活动的结果，反映的是客观事物的个别属性；而知觉则是多种分析器协同活动的结果，反映的是客观事物的整体属性。

（3）经验在感觉和知觉活动中所起的作用不同，感觉有无经验均能产生，经验可使感觉更加敏锐，但知觉的产生离不开经验，它更多地依赖于个体的知识经验和个性特点。

（二）感觉和知觉的联系

（1）感觉和知觉都是人脑对直接作用于感觉器官的事物的属性反映，反映的都是事物的外部特征和表面联系，同属于感性认识阶段。

（2）感觉是知觉的有机组成部分，是知觉的基础，知觉则是感觉的深入和发展。

（3）感觉和知觉是同时进行的，现实生活中的人很少有孤立的感觉存在，通常两者是融为一体的，合称为感知觉。只是为了研究的需要，才把两者区分开来讨论。

三、感觉和知觉的种类

（一）感觉的种类

根据刺激物的来源和产生感觉的感受器的不同，将感觉分为外部感觉和内部感觉（表3-1）。

表 3-1　主要的感觉种类

种类	感觉种类	适宜刺激	感受器	反映属性
外部感觉	视觉	可见光谱	视锥细胞和视杆细胞	黑、白、彩色
	听觉	可听声音	耳蜗的毛细胞	声音
	味觉	溶于水的有味物质	味蕾的味觉细胞	酸、甜、苦、咸
	嗅觉	有气味的气体物质	鼻腔黏膜上的嗅细胞	气味
	肤觉	机械性刺激、温度性刺激、伤害性刺激	皮肤黏膜上的冷、痛、温、触点	冷、痛、温、触、压
内部感觉	运动感觉	机体收缩、身体各部分位置变化	肌肉、肌腱、韧带等神经末梢	运动状态、位置变化
	平衡感觉	身体位置、方向变化	内耳、前庭和半规管的毛细胞	身体位置变化
	机体感觉	内脏器官活动变化时的物理、化学刺激	内脏器官壁上的神经末梢	疲劳、饥饿、内脏器官活动不正常

1. **外部感觉**

外部感觉接受外部刺激并反映外部事物的特性，其感受器位于体表，主要包括视觉、听觉、嗅觉、味觉和肤觉等。其中以视觉、听觉最为重要。肤觉中有一种比较特殊的感觉——痛觉。痛觉不同于其他感觉，它没有一定的适宜刺激。无论是机械的、物理的刺激，还是化学的刺激，只要达到一定强度并对机体造成损害或破坏时都会引起痛觉。痛觉是机体的报警系统，对机体有保护作用。

2. **内部感觉**

内部感觉接受机体内部刺激并反映内脏器官的状态，如饥、渴等内脏感觉。内部感受器位于人体各内脏壁内、腹膜、胸膜及关节囊等处。它接受体内各种化学和物理性刺激，主要包括运动感觉、平衡感觉和内脏感觉。

（二）知觉的种类

按照不同的分类标准，可将知觉分为以下不同种类。

（1）根据知觉的对象不同，可将知觉分为社会知觉和物体知觉。社会知觉是对人的知觉；物体知觉是对物的知觉。

（2）根据事物的特性，可将知觉分为空间知觉、时间知觉和运动知觉，这是最为通用的知觉分类法。

（3）根据起主导作用的感官分类，可将知觉分为视觉、听觉、触觉、嗅觉和味觉等。

（4）根据是否正确反映客观事物，把知觉分为正确的知觉和错觉。错觉（Illusion）是指人在特定条件下对客观事物产生的歪曲的知觉，是一种特殊类型的知觉。

错觉不同于幻觉，幻觉是在没有外界刺激作用下产生的虚幻的知觉。错觉受物理的、生理的和心理的多种因素的影响。错觉的类型很多，其中以视错觉表现得最为明显，目前研究较多的视错觉是几何图形错觉（图3-2）。

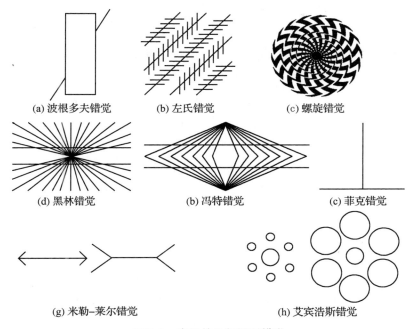

图 3-2 常见的几何图形错觉

错觉产生的原因

一般来说，对错觉有三种解释。第一种是把错觉归结为刺激信息取样的误差；第二种是把错觉归结为知觉系统的神经生理学原因；第三种是用认知的观点来解释错觉。下面我们从这三方面来介绍一些有影响的错觉理论。

一、眼动理论

这种理论认为，我们在知觉几何图形时，眼睛总在沿着图形的轮廓或线条做有规律的扫描运动。当人们扫视图形的某些特定部分时，由于周围轮廓的影响，改变了眼动的方向和范围，造成取样的误差，因而产生各种知觉的错误。根据这种理论，垂直-水平错觉是由于眼睛做上下运动比做水平运动困难一些，人们看垂直线比看水平线费力，因而垂直线看起来长一些。同样地，在米勒-莱尔错觉中，由于箭头向外的线段引起距离较大的眼动，箭头向内的线段引起距离较小的眼动，因此前者看上去长一些。

眼动理论听起来颇有道理，有些研究也发现，眼动的范围和米勒-莱尔错觉的大小之间有某种关系。但另一些事实说明，这种理论是不能成立的。例如，用很快的速度呈现刺激图形，使眼动无法产生，或者用稳定图像的技术，使图形的网膜映像固定不变。这种情况下，人们照样会出现图形错觉。这说明眼动不是造成错觉的真正原因。

为了克服眼动理论的困难，人们又提出了传出准备性假说。这种理论认为，错觉是由于神经中枢给眼肌发出的不适当的运动指令造成的。只要人们有这种眼动的准备性，即使眼睛实际没有运动，错觉也会发生。这种假设还没有得到充分的事实证明。

二、神经抑制作用理论

20世纪60年代中期，有人根据轮廓形成的神经生理学知识，提出了神经抑制作用理论。这是从神经生理学水平解释错觉的一种尝试。这种理论认为，当两个轮廓彼此接近时，网膜内的侧抑制过程改变了由轮廓所刺激的细胞的活动，因而使神经兴奋分布的中心发生变化。结果，人们看的轮廓发生了相对的位移，引起几何形状和方向的各种错觉，如波根多夫错觉等。

神经抑制作用理论在解释错觉时和现代神经生理学的思想联系起来，这是好的，但这种理论只强调网膜水平上感受器的相互作用，而忽略了错觉现象和神经中枢的融合机制的关系。例如，在波根多夫错觉图形中，如果给一只眼睛呈现倾斜线，给另一只眼睛呈现两条平行线，人们仍然看到了位移的错觉，这用网膜上的抑制作用是无法解释的。

三、深度加工和常性误用理论

这种理论认为，错觉具有认知方面的根源。人们在知觉三维空间物体的大小时，总把距离估计在内，这是保持物体大小恒常性的重要条件。当人们把知觉三维世界的这一特点，自觉或不自觉地应用于平面物体时，就会引起错觉现象。从这个意义上说，错觉是知觉恒常性的一种例外，是人们误用了知觉恒常性的结果。

常性误用理论把错觉与知觉恒常性联系起来。在大小知觉的场合，当距离改变时，网膜投影的大小也相应发生改变，而知觉到的大小却相对不变，这是大小恒常性。当环境提供了深度线索，使平面图形的不同部分在深度上分开，也就是使它们的显现距离发生变化时，而网膜的投影大小不变，人们由于错误地利用了知觉恒常性的特性，就会将"远处"的物体看得大些，而把"近处"的物体看得小些，因而出现大小错觉。这种理论强调了深度线索在错觉产生中的作用，因而也叫深度加工理论。

常性误用理论的影响颇大，但有些事实不能用这种理论来解释。在图3-3中，上下两条线段相等，但由于附加图形的影响，人们把下面的线段看成长于上面的线段。在这种情况下，没有犄角提供的深度线索，而错觉仍然出现了。可见图形的不同部分在深度上分开，并不是造成错觉的充分原因。

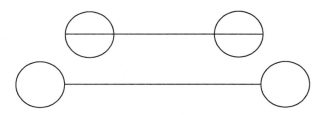

图 3-3 在没有深度线索情况下的米勒-莱尔错觉

（有删改）

第二节　感知规律及其应用

一、感觉规律

（一）感受性和感觉阈限

感受性是分析器对适宜刺激的感觉能力。同一种刺激，这个人感觉到了，另一个人感觉不到，就说明他们的感受性不同。不是所有的刺激我们都可以感觉到，过弱或过强的刺激无法引起我们的感觉，比如纸张掉在地上的声音我们是听不到的，超声波我们也是听不到的。那么用什么来衡量人们的感受性的高低呢？

感受性的高低一般用感觉阈限来度量。感觉阈限是能引起感觉的、持续了一定时间的刺激量。感受性和感觉阈限之间成反比例关系，即感受性强的，感觉阈限值低；感受性弱的，感觉阈限值反而高。每种感觉都有两种类型的感受性和感觉阈限：绝对感受性和绝对感觉阈限、差别感受性和差别感觉阈限。

1. 绝对感受性和绝对感觉阈限

绝对感受性是指刚刚能觉察出最小刺激强度的能力。而这个刚刚能引起感觉的最小刺激量，称为绝对感觉阈限。只有达到了这个最小刺激量才能引起相应的感觉，否则我们就感受不到。例如，低于16赫兹以下的声音，人是听不到的，因为16赫兹就是人听力的绝对感觉阈限值。绝对感受性和绝对感觉阈限在数量上成反比关系。不同感觉的人绝对感受性是不同的，对应的绝对感觉阈限值也是不同的。表3-2所示的就是人类几种重要感觉的绝对阈限。

表 3-2　人类几种重要感觉的绝对阈限

感觉类型	绝对感觉阈限
视觉	能看见晴朗的黑夜中 50 千米处的一支烛光
听觉	在安静的状态下，能听到 6 米处手表的嘀嗒声
味觉	尝出在 7.5 升水中，加一茶匙蔗糖的甜味
嗅觉	可闻到在三居室中撒一滴香水的气味
触觉	觉察出一片蜜蜂翅膀从 1 厘米处落在脸颊上的压力

2. 差别感受性和差别感觉阈限

刚能感觉出的两个同类性质刺激物之间的最小差异量的能力，称为差别感受性；而刚能引起差别感觉的两个同类性质刺激物之间的最小差异量，称为差别感觉阈限。差别感受性与差别感觉阈限成反比关系。并不是刺激物的所有变化量都能引起差别感觉，只有当变化量达到一定的程度时，我们才能觉察到。例如，在 100 分贝的音量上如果只增加 5 分贝的音量，我们感觉不出两者的差异。但若在 100 分贝的音量上增加 10 分贝，我们就刚能觉察出音量的差异。这里的 10 分贝就是差别感觉阈限。

德国生物学家韦伯（E. H. Weber）是最早对差别感觉阈限进行系统研究的学者。早在 19 世纪前半叶，他在研究差别感觉阈限时发现，在中等强度刺激范围内，差别感受性和差别感觉阈限之间的比值是稳定的。用 I 表示原有刺激量，ΔI 表示刺激强度的增加量，K 为常数，两者的关系可以用公式表示为

$$K = \frac{\Delta I}{I}$$

这就是韦伯定律。韦伯定律表明，当 I 的大小不同时，ΔI 的大小也会不同，但 ΔI 与 I 之比是一个常数（即上式中的 K）。例如，在 100 分贝音量的基础上加上 10 分贝，即可感到音量的变化；那么，在 200 分贝音量的基础上要加上 20 分贝，才能感到音量的变化。不同感觉的韦伯常数是不同的。表 3-3 列出了常见感觉的最小韦伯分数。

表 3-3　不同感觉的最小韦伯分数

感觉类别	韦伯分数
重量（400 克时）	0.013 = 1/77
视觉明度（100 光量子时）	0.016 = 1/63
举重（300 克时）	0.019 = 1/53
响度（100 赫兹和 100 分贝时）	0.091 = 1/11
橡皮气味（2 000 嗅单位时）	0.100 = 1/10
皮肤压觉（每平方毫米 5 克重时）	0.143 = 1/7
咸味（每千克 3 克分子量时）	0.200 = 1/5

（二）感觉规律

1. 感受性的变化

各种感觉的感受性不是一成不变的，会随条件和机体状态的不同而发生变化。

（1）感觉适应

感觉适应是指刺激物持续作用于感受器而使其感受性发生变化的现象。这种变化可能表现为感受性提高，也可能表现为感受性降低。人的各种感觉大多会呈现出适应的现象，只是表现形式不同，而且各种感觉的适应速度和程度是不同的。

视觉的适应可分为明适应和暗适应。明适应是指从光亮处来到黑暗处时的视觉适应，而暗适应是指从黑暗处走向光亮处时的视觉适应。比如，我们晚上关灯睡觉，关灯的那一刹那间，我们什么也看不清楚，隔了一段时间之后，通过对弱光的感受性的逐步提高，视觉慢慢恢复，能逐渐看清房间里的事物，这一过程就是暗适应；而当你半夜开灯起来，在最初一瞬间感到灯光刺眼，什么都看不清楚，只要稍过几秒钟，对强光的感受性降低后，视觉随即恢复正常，就能看清楚周围事物了，这一过程就是明适应。

"入鲍鱼之肆，久而不闻其臭；入芝兰之室，久而不闻其香。"这是嗅觉的适应；我们经常看到有些老年人把眼镜移到自己的额头上到处寻找他的眼镜，这是触觉的适应；我们在热水中洗澡的时候，开始觉得水很热，但经过三四分钟后，就不再觉得澡盆中的水很热了，这是肤觉适应。听觉的适应不甚明显，痛觉的适应则极难产生。

（2）感觉对比

感觉对比是同一感受器接受不同的刺激而使感受性发生变化的现象。感觉对比可以分为两种：同时对比和继时对比。

几个刺激物同时作用于同一感受器时产生同时对比现象（图3-4）。例如，黑人的牙齿会显得比白人更白，这是牙齿和皮肤颜色对比的结果。不同的刺激物先后作用于同一感受器时就会产生继时对比现象。例如，吃了糖之后，接着吃山楂，觉得山楂很酸；吃了苦药之后，接着喝白开水，会觉得水有甜味。

图3-4　同时对比

（3）联觉

联觉是指一种感觉兼有另一种感觉的心理现象，它是感觉相互作用的一种表现。最突出的联觉形式是颜色联觉。例如，红色象征吉祥喜庆，看到红色大家就会微笑；绿色象征春天，给人以喜悦和宁静的感觉。颜色还能引起人的皮肤觉，比如红、橙、黄等颜色，类似于太阳和烈火那样的颜色，往往引起温暖的感觉，称为暖色；青、蓝、紫等颜色，类似于碧空和大海那样的颜色，往往引起寒冷的感觉，称为冷色。

在其他感觉中也能产生联觉，如"秀色可餐""欢快的舞蹈"等，这些都是一种感觉兼有另一种感觉的心理现象。

（4）感觉补偿

当某种感觉受损或缺失后，其他感觉会给予补偿的现象就是感觉补偿作用。不同感觉之间之所以能够相互补偿，是因为在一定的条件下不同形式的能量是可以相互转换的。比如，盲人没有视觉，但是他的听觉感受性和触觉感受性都比较高。

2. **感受性的发展**

人的感受性，无论是绝对感受性，还是差别感受性，都具有巨大发展的可能性。人的感受性的发展依赖于以下条件。

（1）社会生活条件和实践活动是感受性发展的基本条件

专门从事某种特殊职业者，由于长期使用某种感觉器官，相应的感受性就发展了起来。茶博士喝一口茶，便可如数家珍地说出茶的产地、品种、等级；熟练的炼钢工人，通过墨镜看一眼马丁炉的火焰，便可准确无误地断定炉温；熟练的汽车司机，侧耳一听，就能听出常人听不出的机器运转的异常音响。的确，三百六十行，行行出状元，以上这些人的感觉能力有如此惊人的发展，并不是他们先天具有特殊的分析器，而主要是在后天生活和劳动实践的过程中长期锻炼发展起来的。

（2）有计划地练习可以提高感受性

苏联心理学家捷普洛夫曾对不懂音乐的人的听觉进行训练，以提高他们对音高的分辨能力。实验用百分之一个半音为基本单位，第一次练习后，被试者能区分百分之三十二个半音；第二次练习后，能区分百分之二十八个半音；第三次练习后能区分百分之二十二个半音；第四次练习后能区分百分之十六个半音。仅经过四次练习，感受性就提高了一倍。

感受性因练习而提高的事实说明，只要感觉器官健全，我们的各种感觉都有很大发展的可能性。为了发展学生的各种感受性，教师应对学生的各种感觉进行有目的的训练。例如，音乐、绘画、雕刻、诗歌及戏剧等艺术活动都能训练学生的感觉，使他们的感觉能力得到发展。

二、知觉的特性与规律

（一）知觉的选择性

客观世界是丰富多彩的，在每一时刻里，作用于人的感觉器官的刺激也是非常多的，但人不可能对同时作用于他的刺激全部都清楚地感受到，我们总是优先选择某些事物作为知觉的对象，其他事物作为知觉的背景，这就是知觉的选择性。知觉的对象能被我们清晰地感知，知觉的背景只是被我们模糊地感知。例如，上课时，当我们注意看多媒体 PPT 上的内容，PPT 上的字成为我们知觉的对象，而老师的动作、墙壁、灯光、同桌的衣着打扮等便成为知觉的背景；当我们认真听教师说话时，教师的声音便成为我们知觉的对象，其他的一切便成为我们知觉的背景。

知觉的对象和背景之间的关系是相对的，这表现为知觉的对象和背景是可以相互转换的。如图 3-5（a）所示，当我们把图中白色部分作为知觉的对象，黑色部分作为知觉的背景时，我们看到的是一个杯子；当我们把图中黑色部分作为知觉的对象，白色部分作为知觉的背景时，我们看到的是两个侧面人头。如图 3-5（b）所示，如果以白色为背景，那我们很容易看到一个吹萨克斯的男人；如果以黑色为背景，那我们很容易看到一个女人的脸。再如图 3-6 所示，我们既可以看到一只兔子，也可以看到一只鸭子，这取决于我们选择什么作为知觉的对象，什么作为知觉的背景。

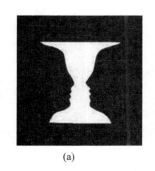

(a)　　　　　　　　(b)

图 3-5　知觉的对象和背景的相对关系

图 3-6　两可图

在大多数情况下，从知觉的背景中分出对象来并不困难，但在某些情况下，要迅速地知觉却不是一件容易的事。把对象从背景中区别出来，受对象和背景的差异、对象的活动性及对象的特征等因素的影响，同时知觉者的目的、兴趣、爱好、情绪状态等都会影响知觉对象的选择。

（二）知觉的整体性

知觉的对象具有不同的属性、由不同的部分组成，但是人并不把知觉的对象感知为个别的孤立部分，而总是把它知觉为一个统一的整体，这种特性称为知觉的整体性。如图 3-7 所示，我们一开始就把它看成正方形，而不是把它知觉为四个残缺的圆和四条线段。

知觉的整体性往往与知觉对象本身有关，就知觉对象的特点来说，制约知觉整体性的因素有接近性、相似性、连续性和封闭性等。

图 3-7　把彼此孤立的部分感知为整体

如图3-8所示，A图中每两条空间上接近的直线被知觉为一个整体；B图中每两条直线的间距与A图中的直线的间距相同，由于闭合的因素被我们看成三个正方形；C图中相似的小圆圈被知觉为一个十字，把黑方块隔成四个正方形；D图中各段直线与曲线由于连续的因素被看成彼此重叠的两条连续线段。

图3-8 制约知觉整体性的某些因素

在整体性知觉中，物体的各部分所起的作用是不同的。知觉对象关键性的、最具代表性的、强的部分往往决定对整体的知觉，其弱小部分常被忽视。比如，观看所熟悉的漫画《魔童降世》，哪怕画面是歪曲的，我们还是可以立即认出这个是哪吒，那个是敖丙。

在整体知觉中，刺激物之间的关系起着重要作用。有时，刺激物的个别部分改变了，但各部分的关系不变，仍能保持整体的知觉。例如，一首乐曲由不同的人演唱，用不同的乐器演奏，都能被人们知觉为同一首乐曲。各部分之间的关系改变，知觉的整体形象就会变化。例如，四条相等的线段，组成相互垂直的封闭图形，则是正方形；同样四条线段，组成不垂直的封闭图形，就变成菱形了。可见，物体各部分的关系及对关系的反映是知觉整体性的基础。如图3-9所示，"13"作为部分放在不同的整体中意义就不同。

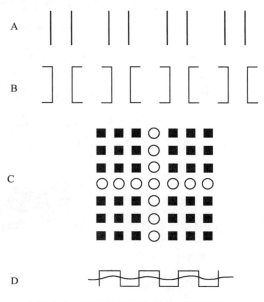

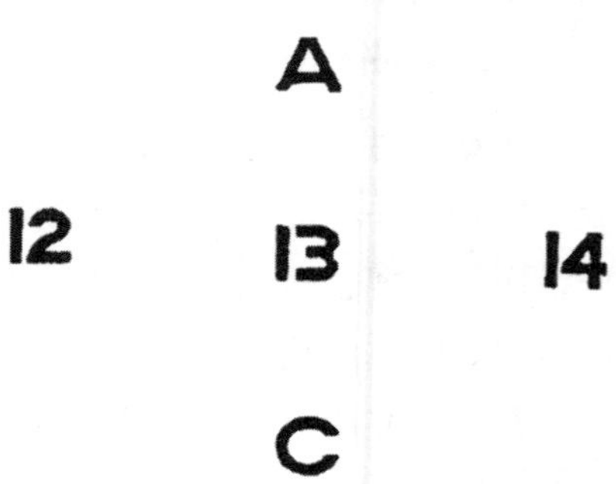

图3-9 整体与部分的关系

(三) 知觉的理解性

在知觉过程中,我们总是根据已有的知识经验来解释当前知觉的对象,并用语言来描述它,使它具有一定的意义,这就是知觉的理解性。如图 3-10 所示,人们看到这张图时,不会只把它看成一些斑点的随意组合,会努力寻找图中斑斑点点之间的联系,努力做出合理解释,不断地提出假设并检验假设,最后会给出合理的解释。

图 3-10 隐匿图形

在对知觉对象理解的过程中,经验是最重要的。图 3-11 中,虽然图上所有的线条都没有闭合,但是只要见过马的人,有相应的知识经验的人,都能将它进行整体知觉,并赋予意义。再比如一首歌,如果是人们熟悉的,只要听一个片段就知道是哪首歌,并知道后面的旋律是什么。由于不同的人对歌曲的熟悉程度不同,因而决定了人们在识别歌曲之前所需要听到的那首歌的片段的长短也不同,不是很熟悉那首歌的人比熟悉那首歌的人需要听到

图 3-11 知识经验在知觉理解性中的作用

的歌曲片段长一些。有经验的心理学家可以通过一个人的表情、行为方式、言语、作文及绘画作品等,推断这个人的性格特点,知道他心里想的是什么。

言语的指导对知觉的理解性也有较大的作用。在较为复杂、对象的外部标志不很明显的情况下,言语指导能唤起人们的过去经验,有助于对知觉对象的理解。如图 3-10 所示,初看时只觉得是一些黑色的斑点,很难知觉出是什么,但有人告诉你"这是一只行进中的狗"时,言语的指导就会唤起你过去的经验,补充了当前知觉的

内容，会立刻看出图中的狗。

此外，知觉的理解性还受人的情绪、动机、态度及实践活动的任务等因素的影响。

（四）知觉的恒常性

当知觉的条件在一定范围内改变的时候，知觉的映象仍然保持相对不变，这种特性称为知觉的恒常性。恒常性在视觉中最为明显，构成视觉、知觉恒常性的主要成分有四种，即亮度恒常性、颜色恒常性、形状恒常性、大小恒常性。亮度恒常性是指，当照明条件改变时，物体的相对明度或视亮度保持不变。例如，白衬衣不管是在屋里看还是在屋外看，我们总是把它知觉为相同的白色；在强光下煤块[图3-12（a）]反射的光量远远大于暗处粉笔所反射的光量，但我们仍把煤块知觉为黑色的，粉笔知觉为白色的。颜色恒常性是指，当照射物体表面的颜色发生变化时，人们对该物体表面颜色的知觉仍保持不变的知觉特性。形状恒常性是指，当我们从不同的角度看物体时，物体在我们眼中的成像会发生变化，但我们实际知觉到的物体的形状不会改变[图3-12（c）]。例如，教室的门，不论是打开还是关上，也不论打开的角度如何，我们都认为它是长方形的；一辆公共汽车，不论是从正面看，还是从侧面看，我们知觉到的公共汽车的形状不会改变。大小恒常性是指，物体离我们近时在视网膜上的成像要大于物体离我们远时在视网膜上的成像，但我们实际知觉到的物体的大小不会因此而改变。例如，一个人坐在椅子上，在不同的位置，其在人眼中的成像大小是不同的，但学生看到的人的大小却是不变的[图3-12（b）]。

(a) 亮度恒常性

(b) 大小恒常性

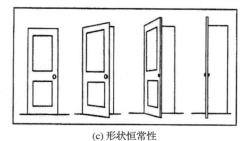

(c) 形状恒常性

图3-12　几种恒常性

知觉的恒常性依赖于我们的经验。客观事物具有相对稳定的结构和特征，经过我们的感知后，其关键特征会储存在我们的大脑中，当它们再次出现时，虽然外界条件发生了变化，但无数次的经验矫正了来自每个感受器的不完全的甚至歪曲的信息，大脑会将当前事物与大脑中已有的事物形象进行匹配，从而确认为感知过的事物。

知觉的恒常性在我们日常生活、工作和学习中有很重要的意义，它有利于人们正确地认识和精确地适应环境。恒常性消失，人对事物的认识就会失真。

三、感知规律在教学中的应用

感知规律在教学中的运用，主要体现在直观教学上。"从生动地感知到抽象的思维"是人类认识发展的规律。教学过程也遵循这条规律。在教学过程中，尤其是针对低年级的儿童，教师要尽可能地进行直观教学，帮助学生理解和记忆知识。

（一）直观教学形式及其特点

在教学过程中，通常采用实物直观、模像直观和言语直观三种形式。

实物直观是指通过观察实物、进行演示性实验、教学性参观等方式，为知识的领会理解提供感性材料。比如带学生去参观食品加工厂，看各种生物标本，等等。

模像直观是指通过模型、仪器、图片、图表及幻灯等手段模拟实物的形象而提供感性材料。比如给学生看地球仪，观看视频材料，等等。

言语直观是指通过语言（书面和口头）的生动具体的描述、鲜明形象的比喻、合乎情理的夸张等形式，提供感性认识，加深对知识的理解。

以上三种直观教学形式各具特色，既有优点，也有不足，三者相互配合使用，才能收到良好的效果。

（二）正确进行直观教学

在教学过程中，教师应按照感知活动的特点和规律来正确地组织直观教学，从而提高学生的感知效果。

1. 运用对比的规律进行教学

感知规律告诉我们，对象与背景差别愈小的事物，感知就越模糊。因此，在绘制图表、制作教具或准备实验时，应力求使对象与背景在颜色色调、线条粗细、形状大小、材料性质及内容等方面有明显的差别，使知觉对象重点突出、鲜明形象，这样才易被清晰地感知。教学时采用对比法，也会收到较好的效果。例如，对于重点的板书内容，用红色的粉笔标注；图形、表格对比分明；教师言语的抑扬顿挫、轻重缓急，这些均能使学生易于感知和记忆。

2. 运用被感知事物的强度律进行教学

被感知的事物或需要接收的信息（包括语言、文字符号等）必须达到一定的强度，才能被人感知。因此，直观教学要考虑到直观教具的颜色、大小、声音的强度等，以使学生能够清晰地感知。例如，呈现给学生的图片、挂图要色彩鲜明，篇幅大小适中，线条粗细安排合理。教学中教师口齿要清楚，音量不要太低，要让学生听清内容；但音量也不宜太高，太高、太强烈的刺激会引起学生疲劳，降低教学效果。板书字体要清楚醒目，让学生容易看清。此外，教室应尽可能有充足的光线，若光线太暗，既影响学生感知觉的清晰度，也有损学生的视力。

3. 运用知觉的活动律进行教学

一般来说，变动的对象比静止的对象容易引起感知，吸引人们去注意观察。教师在直观教学方面应多采用活动教具、活动卡片、活动画报、活动模型及电影、电视、录像、幻灯、录音、唱片、广播等现代化的视听媒体。例如，在图形、表格的教学中，使用符号在图上移动（如较大的红色箭头的移动），能吸引学生的注意，易引起学生感知。对于一些简图，教师通过边讲边画，将一个复杂的视觉形象重新构成一个简单的图示。在这个过程中，学生不仅看到了已经完成的图示，而且看到了这个图示是如何形成的。总之，为了让学生更好地感知，提高教学效果，教师应多采用化静为动的方式进行教学。

4. 根据知觉的组合律进行教学

凡是空间上接近、时间上连续的事物，易于构成一个整体，而被人们清晰地感知。在教学中，要注意使作为学生感知对象的事物组合得当，使学生易于产生清晰的感知觉。教师的板书应力求从空间距离上进行合理的布局：位置顺序排列适当，大小主次安排合理，重点突出，使学生一目了然。教师讲课或朗读课文时，顿挫节奏应适当。因为语速太快，没有适当的停顿和间歇，学生不易听清楚；语速太慢，停顿间歇太大，会割裂内容的完整性。在制作和使用模具、直观教具以及绘制挂图时，线条要明晰，行距要适中，颜色要分明，周围最好不要附加类似的线条或图形，并注意拉开行文距离或加上不同的色彩。

5. 利用多种感官的协同活动组织教学

感知是多种分析器协同活动的结果，这就要求在直观教学过程中交替使用多种感官感知对象，动员学生使用多种分析器参加活动。比如，在物理、化学课堂中，如能在讲课的同时配以良好的演示实验，学生不仅可以听、说，而且可以看、做、想。多种感官的参与，可以帮助学生从不同的角度去接受来自视觉、听觉、触觉和运动觉方面的信息，从而更多地了解事物的特点。

第三章 感觉和知觉

第三节 观察力及培养

观察是人们认识世界的重要手段之一，在教学过程中更是必不可少的教学手段。通过观察，我们可以获得大量的感性材料，获得对事物的具体印象，丰富我们的知识经验。

一、观察的概念

观察是有目的、有计划、较持久的知觉，是人对客观事物感性认识的一种主动表现，是有意知觉的高级形式。

（1）观察是有一定的目的性，有选择地去知觉某种事物。观察总与积极的思维活动相联系。比如，观察动物的生活习性时，我们带着一定的目的去察看、比较，才能了解它们的特点。

（2）观察是有计划的知觉。例如，一个人逛街时能知觉到人声鼎沸、车水马龙，但这种知觉是没有目的、没有计划的；而当教师让学生观察某种化学实验的变化过程时，学生是带着预期目的有步骤地进行知觉，这就是观察。

（3）观察是科学研究的基础。古今中外，许多伟大的科学家都具有敏锐的观察力。心理学家班杜拉（A. Bandura）认为观察是我们学习的重要途径。在系统知识的学习中，任何科目知识点的获得都是从观察开始的。比如，汉字字形的辨认，数学图形的区别，等等。

二、观察的品质

（一）观察的目的性

观察的目的性表现为个体在观察前能否清楚地意识到观察的意图与任务，在观察过程中能否排除干扰、有始有终地完成任务。观察目的性强的人能主动、独立地提出观察任务，并克服困难，持久专注地完成观察任务；反之，观察目的性弱的人意识模糊，容易受到刺激物的干扰和个人兴趣、情绪的支配，游离于观察的过程。

（二）观察的精确性

观察精确性强的人能细致、全面地观察客体，能发现事物间的细微差别；而观察精确性弱的人在观察客体时粗疏、笼统，容易遗漏对象的特征，常对有细微差别的事物做泛化的反应。

(三) 观察的全面性

观察是否全面取决于观察是否有序和是否动用了多种感官。观察有序的人观察细致、系统，能捕捉事物的全部信息，表达有条理；而观察无序的人则观察粗疏零乱，容易遗漏事物的重要细节，表达也很混乱。只动用视觉器官进行观察的人，只能获得关于事物在形状、颜色、大小等方面的信息；而善用多种感官进行观察的人，就能获得事物的多种信息，获得对事物的完整认识。

(四) 观察的深刻性

观察肤浅的人往往只注意到事物外在的联系和表面特征；而观察深刻的人能透过现象看本质，发现事物内在的联系。

三、观察力的培养

观察力不是先天具有的，可以通过培养和训练，通过自己的实践活动逐步形成和发展起来。培养观察力可以从以下几方面入手。

1. 明确观察的目的和任务，激发观察的兴趣

观察的效果取决于观察的目的和任务的明确程度。观察的目的和任务越明确，观察者对知觉对象的反映就越完整、越清晰，因而观察的效果就越好；反之，观察的目的和任务不明确，观察时抓不住要领，就得不到收获。曾经有40位心理学家云集在德国的格廷根开会，会议主席做过如下实验：会议进行中，突然冲进两个人，在会场上打斗了30分钟，当他俩离开会场后，主席向与会者提议写下目睹记录，结果错误率惊人，只有一个报告的错误率低于20%。这是由于事先没有明确的观察任务，知觉过程是无意的、不完整的、模糊的，所以差错很大。因此，凡进行观察前必须明确究竟要观察什么，为什么要观察，这样才能加强知觉的选择性，便于把注意力集中在观察的对象上，获取有关的材料。

2. 掌握观察的方法

掌握观察的方法，可以提高观察的效果。在这方面应注意做好以下各项工作。

(1) 在观察前做好必要的知识准备

观察前知识准备越充分，观察的效果就越好；反之，观察效果一定不好。知识的准备包括阅读与观察对象有关的教科书、理论性的文章、研究报告、经验介绍、图片及资料等。

(2) 观察要有计划、有步骤地进行

观察前要制订好计划，并严格按照计划，有系统、有步骤地进行观察，培养良好的观察习惯。这样可以避免观察过程中受某些突发事件刺激或其他感兴趣的现象所干扰而影响观察任务的完成。

（3）观察时还要善辩多思

良好的观察品质是善于发现细小的却是很有价值的事实。观察不等于消极地注视，必须进行积极的思维活动。根据知觉对象的特点开动脑筋，注意搜寻每一个细节，不要放过例外的情况，要不断提出问题并试着给予解答。

（4）要做好观察的总结

总结时重点检查观察的目的是否实现和任务是否完成。总结形式可以是书面的，也可以是口头的。书面总结除文字记载外，还可以附上图表、图样等。通过总结，学生能够提高观察力，还可以提高语言表达能力。

3. 加强观察训练

实践活动是发展观察力的基础。要提高观察力，就必须根据自身的知识水平及能力，提出不同的观察要求，多进行观察训练。例如，可以通过郊游，观察自然景色，进行写作；选择自己较熟悉、特点较明显的人和事写观察日记；或选择观察那些特点不外露，但善于学习和钻研的人物或有特殊意义的事件，写出比较复杂的观察日记或分析文章。然而，更重要的是结合学科的学习，在教师的指导下进行的观察、实验等。例如，对物理现象、化学现象、生物现象及对人、对某些社会现象等各方面观察的训练，这对培养观察力都是必要的。

如何进行观察力的练习？

要锻炼观察力，应从身边的事物、所处的环境、个人的特点着手。比如：你家里桌子的位置有轻微变化，你的一个新朋友的眼皮是内双的，路上的车辆比以往少了一点（从而你可以去推断为什么少，发生了什么），餐厅见到的某个陌生人是个左撇子，你周围的人的表情、穿着，等等。

观察是一种用心的行为，而非随随便便地"看"。观察一个楼梯，你可以计算台阶的级数、每层的高低；若光是看的话，你可能只是记得它是一个楼梯。

在初练观察力时，最好养成有意识的观察。针对一个平凡的事物，你应有意识地、细微地观察它所具有的特征，注意常人难以发现的地方。再有，对比也是训练观察力的好方法。例如，今天和昨天的窗户上的灰尘有什么变化，今天股市的变化并推测其未来趋势，等等。观察，不仅要观察其内在本质，而且要着重于发现事物的变化。

总之，持有一颗观察的心并付诸实践，长此以往，便可以训练出潜意识的观察能力，即不管对于什么事物，都会习惯性地去观察。这是一种好习惯。

一、静视——一目了然

（1）在你的房间里或屋外找一样东西，比如一只表、一支笔、一盏台灯、一张椅子或一朵花，观察距离约60厘米，平视前方，自然眨眼，集中注意力注视这一件物体。默数60~90下，即1~1.5分钟，在默数的同时，要专心致志地仔细观察。闭上眼睛，努力在脑海中勾勒出该物体的形象，应尽可能地加以详细描述，最好用文字将其特征描述出来。然后重复细看一遍，如果有错，加以改正。

（2）你在训练熟练后，逐渐转到更复杂的物体上，观察周围事物的特征，然后闭眼回想。重复几次，直到每个细节都看到。可以观察地平线、山峰的颜色、植物的形状、人们的姿势和动作、天空阴云的形状和颜色，等等。观察的要点是，不断改变目光的焦点，尽可能多地记住完整物体不同部分的特征，记得越多越好。在每一次分析练习之后，闭上眼睛，用心全面地默记，然后睁开眼睛，对照实物，校正你心中的印象，然后闭上再睁开，直到两者完全相同为止。还可以在某一环境中关注一种形状或颜色，试着在周围其他地方找到它。

（3）观察名画。必须把自己的描述与原物加以对照，力求做到描写精微、细致。在用名画练习时，应通过形象思维激发自己的情感。

这样，不仅可以改善观察力、注意力，而且可以提高记忆力和创造力。因为在你形成新的心中形象的过程中，你吸收了大量清晰的视觉信息，并且把它储藏在你的大脑中。

二、行视——边走边看

以中等速度穿过你的房间、教室、办公室，或者绕着房间走一圈，迅速留意尽可能多的物体。把你所看到的尽可能详细地说出来，最好写出来，然后对照补充。

在日常生活中，眼睛要像闪电一样快速地去观察事物。可以在眨眼的工夫，即1~4秒之间，去看眼前的物品，然后回想其种类和位置；看马路上疾驶的汽车牌号，然后回想其字母、号码；看一张陌生的面孔，然后回想其特征；看路边的树、楼，然后回想其棵数、层数；看广告牌，然后回想其画面和文字；等等。所谓"心明眼亮"，这样不仅可以有效地锻炼视觉的灵敏度，而且可以提高大脑在瞬间的注意力和记忆力，使人更加聪慧。

三、抛视——天女散花

取25~30块大小适中的彩色圆球或积木、跳棋子，其中红色、黄色、白色或其他颜色的各占三分之一。将它们完全混合在一起，放在盆里。用两手迅速抓起两把，然后放手，让它们同时从手中掉落。当它们全部落下后，迅速看一眼这些落下的物体，然后转过身去，将每种颜色的数目凭记忆而不是猜测写下来，检查是否正确。

重复这种练习10天，在第10天看看你的进步。

四、速视——疏而不漏

取50张7厘米×7厘米的纸片，每一张纸片上都写上一个汉字或字母，字迹应清晰、工整，将有字的一面朝下；也可取10张扑克牌。闭着眼使它们有字的一面朝上，并尽量分散放在桌面上。接着，睁开眼，用极短的时间仔细看一眼，然后转过身，凭着记忆把所看到的字写下来。紧接着，用另一组重复这一练习。每天练习三次，重复10天。在第10天看看你取得了多大进步。

五、统视——尽收眼底

睁大你的眼睛，将注意力完全集中，注视正前方，观察你视野中的所有物体，眼珠尽量不要转动。坚持10秒后，回想所看到的东西，凭你的记忆，将所能想起来的物体的名字写下来，不要凭借你已有的信息和猜测来做记录。重复10天，每天变换观察的位置和视野。在第10天看看你的进步。

（有删改）

【本章要点】

本章主要介绍了感觉和知觉的定义、特征、规律，主要有以下内容：

（1）感觉就是人脑对直接作用于感觉器官的事物的个别属性的反映，它是最简单的心理过程。知觉是人脑对直接作用于感觉器官的事物的整体属性的反映。感觉是知觉的基础，感觉和知觉联系紧密，但又有区别。

（2）感受性是分析器对适宜刺激的感觉能力。感受性的高低一般用感觉阈限来度量。感受性和感觉阈限之间成反比例关系。感觉规律包括感觉适应、感觉对比、联觉、感觉补偿；知觉的特性包括选择性、整体性、理解性、恒常性。

（3）观察是有目的、有计划、较持久的知觉，是人对客观事物感性认识的一种主动表现，是有意知觉的高级形式。观察具有目的性、精确性、全面性、深刻性。观察是可以培养的。

【练习与思考】

一、单项选择题

1. 人脑对直接作用于感官的客观事物的综合整体的反映是（　　）。

A. 感觉　　　　B. 知觉　　　　C. 表象　　　　D. 后像

2. 当孩子看到鲜艳的紫红色烟台大樱桃时，下列所说的话中最能直接体现"知觉"活动的是（　　）。

A. "我要吃"　　B. "真甜！"　　C. "颜色好漂亮！"　D. "哇，大樱桃"

3. 下列关于错觉的理解正确的是（　　）。

   A. 是歪曲的知觉　　　　　　　　B. 只在病人中发生

   C. 错觉不需要外界刺激也能发生　　D. 错觉持续时间短

4. 人们在研究感觉现象时发现，绝对感受性和绝对感觉阈限之间的关系是（　　）。

   A. 反比关系　　　B. 正比关系　　　C. 相等关系　　　D. 无关系

5. 明明在看书时，习惯用红笔画出难点，便于重点阅读，这是利用知觉的（　　）。

   A. 选择性　　　　B. 整体性　　　　C. 理解性　　　　D. 恒常性

6. 一首曲子换不同的乐器，由不同的人演奏，人们依然能听出来这首曲子，说明了知觉的（　　）。

   A. 选择性　　　　B. 整体性　　　　C. 理解性　　　　D. 恒常性

二、简答题

1. 简述感觉和知觉的区别和联系。

2. 简述知觉的特性。

3. 如何培养观察力？

第四章 记忆

【本章提要】

古希腊哲学家亚里士多德说过:"记忆为智慧之母。"美国教育家西德尼·马兰(P. Sidney)也曾说过:"记忆是知识的唯一管库人。"雁过留声,自然界中的物体受外界作用时都会留下痕迹。记忆就是过去经历过的事物在大脑中留下的痕迹,但记忆并不是简单的心理过程,它在形式和内容上都比我们所看到的复杂。本章主要讨论什么是记忆、记忆的种类、记忆的过程和规律,以及如何保持良好的记忆力。

【学习目标】

- 理解记忆的定义,掌握记忆的种类。
- 掌握记忆的过程及规律。
- 了解保持记忆力的方法。

第一节 记忆概述

一张纸被折过后会留下折痕,一块石头扔进水里会泛起阵阵涟漪,只要经历过的事情都会在人的头脑中留下痕迹,这就是记忆。

一、记忆的概念

（一）什么是记忆

记忆是人脑对过去经历过的事物的反映。这里所说的"事物"，是指个体在过去经历过的所有事件，其中既有感知过的事物、思考过的问题、表达过的言语、做过的事情、想象过的画面，也有体验过的情感、产生过的态度等。这些经验都会在头脑中留下一定的痕迹，这些的痕迹的形成、保持及激活都属于记忆。比如，我们小时候做游戏的场面，看过的电视剧情节，吃过的美食，见过的人和去过的地方，对朋友做出过的承诺，背过的古诗词，甚至想象过神仙的样子，都会在一定线索的提示下被唤醒，重新出现在我们的大脑中。

记忆从字面上理解，它包括了"记"和"忆"两个部分，所以它是比感觉、知觉更复杂的心理现象。虽然记忆和感觉、知觉一样，都是人脑对客观现实的反映，但是感觉、知觉只能对直接作用于感觉器官的事物进行反映，是一种感性认识；而记忆是对过去的经验的反映，它既有感性认识的成分，也兼有理性认识的特点。

（二）记忆的作用

记忆是一种非常重要的心理现象，在人们的生活中具有重要意义，是人们心理发展的基本条件，个体经验的积累和行为的逐渐复杂化都是靠记忆来实现的。

第一，记忆是个体知识经验积累的基本条件，是人们学习知识、发展技能、形成能力必不可少的条件。记忆可以把个体的经验用不同的形式保持下来，当经验积累到一定的程度时就可以在此基础上发展技能，形成各种能力，以适应环境的变化。

第二，记忆是想象、思维等高级认识过程发展的必要前提。高级心理活动的发展依赖于个体知识经验的积累，如果没有记忆过程，想象、思维的形成就失去了原材料，就无法得到进一步的发展。

第三，记忆保证了个体心理的正常发展。记忆是个体心理发展的组成部分，也是个体心理正常发展的保证。如果没有记忆，一个人的心理活动将停留在新生儿的水平，不可能有正常的心理发展。记忆将个体的心理活动的过去、现在和未来联结成一个整体，是个体心理过程在时间上得以持续的根本保证。

二、记忆的种类

（一）根据记忆的内容不同分类

根据记忆的内容不同，可将记忆分为形象记忆、动作记忆、情绪记忆等。

1. 形象记忆

以感知过的事物形象为内容的记忆,叫作形象记忆,也称表象记忆。比如,我们去了动物园之后各种动物的样子就会在你大脑中出现,这就是形象记忆。形象记忆以感官输入为主,如视觉的、听觉的、触觉的、嗅觉的或味觉的,一般人以视觉的形象记忆和听觉的形象记忆为主,如我们见过的各种动物的形象,听到的各种鸟叫声,等等;但由于特殊职业的需要,某些人的嗅觉记忆、味觉记忆也很发达,比如厨师的嗅觉记忆和味觉记忆就比较发达。

2. 动作记忆

动作记忆,又称运动记忆,是以过去做过的动作或动作形象为内容的记忆。比如我们儿时做过的广播体操的动作,骑自行车的系列动作,等等。这种记忆是以动作表象为前提,以运动技能的熟练为基础而形成的,它对于掌握各种运动技术是非常重要的。动作记忆的特点是记得慢,忘得也慢。例如,要想学会骑自行车,需要一段时间的练习,但是一旦学会了这一动作,即使长期没骑车,其动作也基本上不会忘记。

3. 情绪记忆

以体验过的某种情绪或情感为内容的记忆,叫作情绪记忆,也称情感记忆。比如恋爱时的甜蜜感,即使恋人不在你身边,这种回忆也会使你微笑;儿时曾被狗咬伤的恐惧会使你一直远离小狗。所以,情绪记忆所保持的不仅是曾经体验过的情绪或情感,也包括与情感体验相联系的事物。情绪记忆一般保持时间也是比较持久深刻的,既可以成为激起或制止某种行为的力量,也可以成为表现某种心境的原因。如"触景生情""情不自禁"等,都是情绪记忆的表现。

4. 情景记忆

对亲身经历过,有时间、地点、人物和情节的事件的记忆,叫作情景记忆。比如,我们对印象深刻的事件整个发生的时间、经过、结果的记忆。情景记忆具有形象生动的画面性和完整的过程性。

5. 逻辑记忆

用语词概括的各种有组织的知识的记忆,是以语词、概念、原理为内容的记忆,叫作逻辑记忆,也叫语义记忆。如我们背过的语文课文,理解过的古诗词,学过的原理、公式、法则等都是逻辑记忆。这种记忆是以语词为中介的,具有高度的概括性、深刻的理解性、严密的逻辑性。逻辑记忆在学习理性知识中起着重要作用,它是人类特有的记忆形式。

(二)根据记忆信息储存时间的长短分类

根据记忆信息储存时间的长短,可把记忆分为瞬时记忆、短时记忆和长时记忆。

1. 瞬时记忆

瞬时记忆，又称感觉记忆，也叫感觉登记，是极为短暂的记忆，是指外界刺激信息通过感觉器官时，按输入刺激信息的原样，以感觉痕迹的形式在人脑中被暂留的过程。瞬时记忆最典型的例子就是视觉后像，我们看电影时之所以会将一系列断续的画面看成连续的影像就是利用了视觉后像，就是瞬时记忆的作用。

瞬时记忆具有以下三个基本特点：① 进入瞬时记忆的刺激信息完全依据该刺激信息原来所具有的物理特征编码，具有鲜明的形象性。② 瞬时记忆的信息保持时间十分短暂，最长的瞬时记忆不会超过5秒，一般视觉的瞬时记忆为0.25~1秒，听觉的瞬时记忆为2~4秒。③ 瞬时记忆的记忆容量非常大，可达到刺激总量的76%左右。

2. 短时记忆

瞬时记忆中的信息一旦受到注意，便会进入短时记忆。短时记忆也叫工作记忆，是指信息在脑中保持在1分钟之内的记忆。它是瞬时记忆中的信息进入长时记忆的中间环节。短时记忆最典型的例子就是查记电话号码，比如我们查到一个11位的手机号码，然后进行复述记了下来，这个记忆就是短时记忆，这时你可以顺利地进行拨号；如果第一次拨号无人接听，需要你第二次进行拨号时，你可能就忘记了这个号码，又要重新去查找并复述。

短时记忆具有以下三个基本特点：① 短时记忆的保持时间也很短，一般20秒至1分钟。如果对信息加以复述，则保持的时间达到同注意的时间一样长。② 短时记忆的容量有限，一般为7±2组块。所谓组块，就是熟悉而具有意义的加工单元，一个组块可以是一个字母，也可以是一个单词。③ 短时记忆是对信息进行有意识加工的阶段，语言材料的编码和保持以听觉形式为主，非语言材料的编码和保持以视觉形式为主。

工作记忆

感觉记忆包含大量快速消退的信息，只有其中一部分被注意到的信息才会从感觉记忆转送到短时记忆，接受短时储存。这个暂时储存信息的功能在进一步研究中被发现，它对人们心理活动的开展具有十分重要的意义，也可以说心理、意识的工作主要在这个阶段完成，因此我们又称之为工作记忆。首先，工作记忆（Working Memory）对信息的短时储存使我们有可能对多种信息同时进行加工，将多种来自同一种感觉或不同感觉的信息加以整合构成完整的图像。例如，我们在阅读时把许多单字连成词和句子，在思考和解决问题时把各种条件联系起来分析，都靠工作记忆发挥它对各种信息的暂时寄存器的作用。即使在计算时，工作记忆也需要同时保存多个信息。例如，计算"(3×5)−(2×6)=?"这道简单的题目，也要通过好几步计算，如果没有短时记忆，在每做下一步之前暂时寄存着上一步的计算结果以供利用，我们就无法得出"15−12=3"的答案。此外，工作记忆还保存着对当前工作的意愿和计划，这一切共同保证我们能够采取各种复杂的行为直至达到最终目标。一旦这种短时的储存系统受损，人们的心理能力就会受到极大的破坏，甚至不能完成工作。因此可以说，工作记忆扮演着意识的角色，它使人们知道自己正在接收什么和正在做什么。

由于短时记忆即工作记忆，它所履行的职能是同时储存和整合多种信息，这就使得它的存储空间受到了限制。例如，当人们进行思考的时候，暂时从长时记忆中提取出一些先前的记忆是必要的，但为此短时记忆的空间也会被占用一些。因此，当你在电话购物的实践中，如果你在拨电话前反复考虑购买清单的话，你就很难记清刚刚看过的电话号码。因为它们超出了短时记忆的有限容量，使得你忘掉了复杂问题的某些细节。在这种情况下，边思考边在纸上做些记录会有很大帮助。

（有删改）

3. 长时记忆

短时记忆中的信息经过有意的、重复的复述，便可以进入长时记忆。长时记忆是指信息储存时间超过1分钟的记忆。比如，儿时的玩伴十多年后还能认识，小时候妈妈教的童谣长大后还能哼唱，等等。

长时记忆具有以下几个基本特点：① 长时记忆中的信息保持时间超过1分钟，可以是几天、几年，甚至终身。② 长时记忆几乎没有容量限制，编码方式以意义编码为主，储存方式为组块状态。③ 长时记忆所存储的信息绝大部分来自短时记忆信息的精致性复述，也有一小部分是对印象深刻的瞬时记忆信息的一次性存储。

记忆系统模式图（图4-1）三个阶段的记忆系统是密切相连的，瞬时记忆和短时记忆的信息经过加工之后才能进入长时记忆，短时记忆的信息来自瞬时记忆和长时记忆。

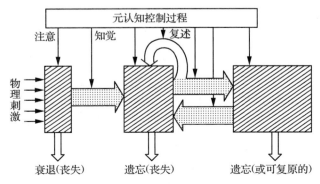

图4-1　记忆系统模式图

(三) 根据提取记忆信息时有无意识分类

根据提取记忆信息时有无意识，可把记忆分为内隐记忆和外显记忆。

1. 内隐记忆

内隐记忆，又称自动的、无意识的记忆，是指不需要意识或有意回忆的情况下，个体的经验自动对当前任务产生影响而表现出来的记忆。它是未意识其存在又无意识提取的记忆。它强调的是信息提取过程的无意识性，而不管信息识记过程是否意识。也就是说，个体在内隐记忆时，没有意识到信息提取这个环节，也没有意识到所提取的信息内容是什么，而只是通过完成某项任务才能证实他保持有某种信息。

失忆症患者为什么具有学习能力？

在实验中让失忆症患者和一组心理正常的自愿被试者一起学习一个由一些常见单词所组成的单词表，如 Table（桌子）、Garden（花园）等。几分钟后实验者从这个单词表中选出几个单词，并和一些未出现于单词表的新单词混在一起，呈现给被试者，让他们辨认，结果发现，失忆症患者很难记起哪些单词是所学单词表中的，哪些不是。更令人惊奇的是，如果将一个单词的前三个字母提示出来，让被试者填补上该单词所残缺的其他字母，如 Tab 或 Gar 等，与让他们进行随机的辨认相比，失忆症患者能够写出更多在所学单词表中出现的单词，有的失忆症患者所能写出的单词的数量甚至与没有记忆障碍的被试者一样多。

这说明，虽然失忆症患者没有意识到自己拥有对所学词的记忆，但是对特定任务的操作，却表现出了记忆效果。

随后，心理学家们在许多条件下，采用不同的材料和方法，对正常人进行了大量的实验研究。研究者们发现，上述现象是普遍存在的，它反映了一种自动的、不需有意识参与的记忆。这种记忆的特点是：人们并没有察觉到自己拥有这种记忆，也没有下意识地提取这种记忆，但它却在特定任务的操作中表现出来，这就是内隐记忆。

（有删改）

2. 外显记忆

外显记忆，又称受意识控制的记忆，是指当个体需要有意识地或主动地收集某些经验用以完成当前任务时所表现出的记忆。比如，要求学生准确无误地回忆化学元素周期表，回忆自己昨天藏的东西在哪。它是有意识提取信息的记忆，强调信息提取过程的有意识性，而不在意信息识记过程的有意识性。

（四）根据记忆的理解情况分类

根据记忆的理解情况，可把记忆分为机械记忆和意义记忆。

1. 机械记忆

机械记忆是指根据外部联系或表现形式，采取简单重复的方式进行的记忆。比如幼儿背三字经，学生记住历史事件，初次接触心理学的人记住心理学的相关定义，等等，都属于机械记忆。机械记忆是以多次重复复习为基本条件，不理解材料的意义或材料之间的相互关系，只是采取机械重复的方法逐字逐句进行的记忆。

2. 意义记忆

意义记忆，也称理解记忆，是指在对事物理解的基础上，依据事物的内在联系，运用有关的知识经验进行的记忆。比如数学运算法则的记忆就是意义记忆。它与机械记忆相对应，需要理解材料的意义和材料之间的关系才能进行记忆。

（五）根据信息加工处理与储存的方式分类

根据信息加工处理与储存的方式，可把记忆分为陈述性记忆和程序性记忆。

1. 陈述性记忆

陈述性记忆是对有关事件和事实性信息的记忆。例如，人名、地名、名词解释及定理、定律等的记忆。陈述性记忆具有可以言传的特征，即在需要时可将记得的事实表述出来。

2. 程序性记忆

程序性记忆是对具有先后顺序活动的记忆。程序性记忆主要包括心智技能和动作技能两部分，它是经过个体观察学习与操作练习而习得的记忆。程序性记忆按一定程序习得，开始时比较困难，但一旦掌握便很难遗忘。例如，小时候学会弹钢琴，几十年以后仍然不忘，如果已经达到了纯熟程度，那么程序性记忆的信息检索会以自动化的方式进行。程序性记忆的显著特点是难以言传。从个体的发展来看，个体首先发展的是程序性记忆。例如，自幼学习的动作技能，如写字、骑车和吃饭等，都是通过练习而获得的程序性记忆。

三、记忆的形式

（一）记忆表象

1. 记忆表象的概念

记忆表象是指过去感知过的事物在头脑中再现出来的形象，简称表象。比如在动物园见到的大象，平时虽然看不到，但是由于和其他人聊天说起大象，大脑中就会浮现关于大象的表象。

2. 记忆表象的特征

（1）形象性

记忆表象是感知后留下的形象，所以它具有直观、形象的特征。例如，我们回忆起某个朋友时，他的行为举止、音容笑貌都会在大脑中浮现，就像他在你眼前一样。记忆表象虽然产生于知觉表象，但是它比知觉表象更模糊、暗淡，且不稳定。

（2）概括性

记忆表象常常是综合了多次知觉的结果。人们多次知觉同类或同一物体，但在记忆表象中留下的只是这类事物的一般形象和主要特征，而非事物的个别特征，这就是表象的概括性。比如，我们大脑中的猴子、大象、斑马等不是具体的某一只猴子、某一头大象或某一匹斑马，而是所有的这类动物的概括化代表。表象的概括只限于外部形象，其中可能既有事物的本质属性，也有事物的非本质属性。表象是对事物本质特征概括的基础，是感性认识到理性认识过渡的桥梁。

（3）可操作性

表象在头脑中不是凝固不动的，而是可以被智力操作的。表象在头脑中可以被分析。比如，你可以给你大脑中大象的表象插上翅膀，或者让它扩大十倍，这都是可以的。表象可以进行综合，可以放大、缩小，可以移植，也可翻转。正因为表象具有可操作性，形象思维和创造思维才会成为可能。

3. 记忆表象的作用

记忆表象在人的实践活动中、在人的学习过程中都是不可缺少的，是认识过程的一个重要的环节。

（1）记忆表象是由感知过程向思维过程过渡的桥梁

表象从其直观性看，与感知相似；从其概括性看，又与思维相似。但表象既不是感知，也不是思维，它是由感知到思维的过渡阶段，是从感性认识到理性认识的中介和必经的桥梁。

（2）记忆表象是知识学习、实践活动的必要条件

丰富的表象不仅可以使人们获得生动的知识，而且可以提高人们在学习和工作中的成效，人们在活动之前，在头脑中构成了"做什么"和"怎么做"的表象，可以减少试误的次数，高效率地完成工作。比如，建筑师在建造房屋之前会先画好图纸，作家在创作时也会在大脑中有个最初的框架架构，等等。

（3）记忆表象是高级认识过程的基础

表象是想象的原材料，想象是对人脑中已有表象进行加工改造，创造新形象的过程，所以，如果没有表象，就不会有想象活动。同样，如果没有表象，思维就无法发展，人的认知活动就会受到很大的影响。

（二）语词

利用语词形式记忆是人类所特有的，人的大量记忆属于这类形式。语词形式更符合人脑对信息的储存，据推算，一个语词可以推演出1 000个表象性信息。

语词具有高度的概括性，它可以标志客观事物，所以记住了语词，也就记住了它所代表的事物。语词可以概括具有相同本质属性的同类事物，用不同的语词可以区分不同的事物。例如，"水果"这个词概括了多汁且主要味觉为甜味和酸味，可食用的植物果实，包括苹果、香蕉、猕猴桃等，但它们又是不同的，属于不同科目，各自的功能和作用都不相同。

语词可以起信号作用。语词的音、形、义都可以作为信号，用来预示与揭示所标志的事物极其复杂的关系，使我们能够把事物与事物、表象与表象联系起来。比如，我们通过给每一类事物下定义的方式来揭露看似不同的事物之间的本质联系。也可以把语词与语词联系起来构成记忆"组块"，形成逻辑系统，便于人们进行思想交流并掌握记忆的规律和方法。比如，各种数学公式，物理化学定理，各种记忆术的使用，等等。

四、记忆测量

记忆保持量的测量方法是研究记忆的主要方法之一。

（一）回忆法

回忆法又称再现法，是指在记忆测量中，被试者原来学习或识记过的材料不呈现在其面前，要求被试者把学习过的材料复述或默写出来，然后把被试者回忆的结果与原材料加以对照，以此了解其保持量。回忆法是记忆测量中最常用的方法之一，此法既可测量短时记忆，也可测量长时记忆。回忆法测得的保持量以正确回忆项目数的百分比为指标。计算保持量的公式如下：

$$保持量 = \frac{正确回忆的项目量}{原来学习的项目量} \times 100\%$$

（二）再认法

再认法是用以比较和测量记忆保持的方法，同时也是探索记忆本质的重要手段之一。在测量时，把数量相等的识记过的材料和没有识记过的材料打乱混合在一起，然后按照随机方式向被试者呈现，要求被试者区分识记过的材料和没有识记过的材料，如果是识记过的就回答"是"，没有识记过的就回答"否"。计算保持量的公式如下：

$$保持量 = \frac{认对数 - 认错数}{呈现材料的总数} \times 100\%$$

（三）节省法

节省法又称再学法，是指在记忆测量中，当被试者不再能够把原来识记的材料完全准确无误地回忆出来时，要求被试者对原来识记过的材料进行重新学习，以达到原来学习的程度，然后根据初学和再学两次所用的时间或次数来计算被试者的保持量，即用两者的差来表示重新学习时节省的数量。节省法的计算公式如下：

$$保持量 = \frac{初学时间或次数 - 再学时间或次数}{初学时间或次数} \times 100\%$$

（四）重建法

重建法又称重构法，指在记忆测量中，要求被试者再现学习过的刺激次序。这种测量方法既适用于文字测验材料，也适用于形状、颜色或其他非文字测验材料。具体步骤是：把若干刺激材料按一定次序排列呈现给被试者，然后把材料的排列顺序打乱，要求被试者按照原来呈现的刺激次序重新排列出来。重建法的记分以被试者重建的次序与原来材料排列次序之间相符合的程度为依据，可以采用斯皮尔曼等级相关法进行计算，具体公式如下：

$$r_R = 1 - \frac{6\sum D^2}{N(N^2 - 1)}$$

式中，r_R 为斯皮尔曼等级相关系数，D 为重建次序与原来次序的差数，N 为记忆材料的个数。

第二节 记忆过程及其规律

记忆过程包括识记、保持、再认和回忆三个相互联系、相互制约的基本环节。

一、识记

（一）识记的种类

识记是通过反复感知而识别和记住事物的过程，它是记忆过程的第一步，也是保持和回忆的前提。识记的形式多样，可以从不同角度进行分类。

1. 根据识记是否有预定目的分类

根据识记是否有预定目的，可把识记分为无意识记和有意识记。

（1）无意识记

无意识记又称不随意识记，是指没有预定目的，不需要经过特殊的意志努力的识记。比如，每天走过的街道的风景、习惯性的动作等，我们所说的"潜移默化""耳濡目染"就是一种无意识记。

无意识记具有选择性，不是所有的信息都能通过无意识记进入我们的记忆系统，无意识记的信息与人的兴趣、需要、情绪和情感等有关。

（2）有意识记

有意识记又称随意识记，是指有预定的目的，需要一定的意志努力并采取一定方法的识记。比如，学生们在学校学习的知识，都需要通过意志努力来记忆，还有我们骑自行车的动作步骤等，都是有意识记。有意识记要求有高度的注意力、意志力，并与积极的思维活动配合进行，所以是一种特殊而复杂的智力活动。一般来说，在其他条件相同的情况下，有意识记的效果比无意识记要好。

2. 根据识记时对材料的理解程度分类

根据识记时对材料的理解程度，可把识记分为机械识记和意义识记。

（1）机械识记

机械识记是指在对事物没有理解的情况下，依据事物的外部联系所进行的机械重复的识记。比如幼儿背唐诗宋词、历史事件、人名、地名等，都属于机械识记。但有些材料，尽管有其内在联系，而学习者并未理解，比如第一次学习心理学的人对心理学相关概念的记忆等，就只能死记硬背，也是机械识记。机械识记在人类掌握知识经验过程中也是不可缺少的。

（2）意义识记

意义识记是指建立在对事物理解的基础上，根据事物的内在联系所进行的识记。比如明白怎么从加法的运算法则推导出乘法规则后，对乘法运算的记忆会更牢固。意义识记的基本条件是理解，在意义识记中，人通过积极的思维活动，揭露事物内在的本质联系和关系，找到了新材料与已有知识的联系，并将其纳入已有的知识系统中。一般来说，意义识记的效果优于机械识记。

（二）影响识记效果的因素

1. 识记的目的和任务

有明确的识记目的和任务是保证良好识记效果的首要条件。因为有了明确的识记目的和任务，全部识记活动就会集中在所要识记的对象上，且会采取各种各样的方式和方法去实现它，那么识记的效果就好。

2. 识记材料的性质和数量

从材料的性质来说，识记直观形象的材料效果要优于抽象材料，有意义的材料优于无意义的材料，视觉材料优于听觉材料。同样性质的材料，数量不同，其识记效果也不同。一般来说，呈现出材料数量与识记效果成负相关趋势。

3. 识记的方法

识记方法不同，其效果也不同，我们要善于利用经验去组织识记的材料，多运用以理解为基础的意义识记，在理解学习材料的基础上识记，会在识记的全面性、速度、精确性和巩固性等方面得到极大的提高。

4. 识记者的主观状态

识记时识记者的主观状态也会影响识记效果，比如识记者的需要、兴趣、情绪状态等。一般来说，符合识记者的需要、识记者感兴趣的材料，识记的效果更好；积极的情绪状态下，识记的效果更好。同时，人的身体状态也会影响识记效果。

二、保持和遗忘

（一）保持

保持是识记结果在头脑中贮存和巩固的过程。从信息加工理论认为，保持就是人脑对信息的储存和编码过程。保持是记忆过程的中心环节，记忆的基本特点就在于保持，没有保持就无所谓记忆。

保持是一个动态的过程。保持在记忆中的信息，受时间和经验等因素的影响，无论在数量上还是在质量上，都会发生一定的变化。

1. 保持在量上的变化

保持在量上的变化表现为：记忆中的信息一般随时间的进展呈减少的趋势。比如，我们曾经倒背如流的课文或者古诗词，几个月或者一年后就会磕磕巴巴，再过几年就背不全，甚至最后只能记得些许片段。但还有一种保持量上的变化，那就是记忆回复现象，这种现象一般在儿童身上和不完全学习中出现。记忆恢复就是指记忆的内容经过一段时间后测得的保持量反而大于识记后立即测得的保持量。

2. 保持在质上的变化

保持在质上的变化表现为：一方面，记忆内容中不甚重要的细节部分趋于消失，而主要内容及显著的特征能较好地保持，从而使记忆内容简略、概括和合理；另一方面，记忆内容中的某些特点和线索有选择性地保留下来，同时增添某些特征，使记忆内容成为较易理解的"事物"，目击者记忆可以说明这种质的变化。

法庭作证的可信度

法庭判案，重视人证与物证。人证指目击者凭记忆所做的言辞记录。目击者的

第四章 记 忆

记忆是否与事实真相符合，也就是，见证人在法庭上的陈述是否确实可以相信，是个值得考虑的问题。

在20世纪70年代以前，见证人在法庭上的陈述，一向被视为重要的证据，但从70年代以后的心理学研究成果来看，法庭作证的可信度不高。原因是人的眼睛不同于照相机，耳朵不同于录音机，事后凭回忆所做的陈述，与当时的事实真相可能有相当大的距离。为了证明当时所见与事后所记的不一致，近年来心理学家进行过很多实验研究。

其中有一个实验比较有名。该实验将受试者分为数组，受试者先是共同观看一段影片，该影片显示了一场汽车相撞的意外事故。看完后，实验者以不同的语气向受试者提出问题。对其中一组问道："据你们估计，两车撞毁时，其车速是每小时多少英里（1英里约等于1.61千米）？"对另一组问道："据你们估计，两车相撞时，其车速是每小时多少英里？"两组的问题之间只有一字之差，而且受试者是对同一事实的目击者，在理论上不应有所差异。但结果显示：问题中用"撞毁"一词的一组，回答车速在每小时40英里以上；而用"相撞"一词的那一组，则回答在每小时30英里以上。一星期后，所有看过影片的人再次回到实验室。这次不再分组，由实验者向他们问同样的问题："根据你们的记忆，上次影片中的交通意外事件，汽车上有没有撞碎玻璃？"（事实上，影片中根本没有撞碎玻璃的事实）结果发现：在前次接受带"撞毁"二字问题的一组受试者中，有30%以上回答有；而接受带"相撞"二字问题的受试者中，做同样回答者只有14%。显然，实验者的问题性质影响了目击者的回答。因此，如果依据这种现象去推论法庭作证的可信度，就很难相信法官的问话方式不会影响见证人的陈述。针对这一事实，如发问者有意地误导，也会影响目击者的回忆。

与上述研究为同一系列的另一个实验的结果，更明确地显示了这种趋势。让大学生看一段影片，片中显示一辆急驰在乡间公路上的白色跑车。对不同的目击者问两个大同小异的问题，对某些人问道："经过谷仓旁边的白色跑车，大概时速是多少英里？"（影片中根本没有谷仓）对另一些人则问道："白色跑车大概时速是多少英里？"几天后，再问他们一道同样的问题："你有没有看见公路旁边的谷仓？"前次问题中有"谷仓"二字者，有17%的回答有；前次问题中无"谷仓"二字者，则只有3%的回答有。那些目击者在记忆中形成的"无中生有"的现象，显然是由发问者的误导所致的。

近年来，法律心理学受到重视，心理学家们的研究贡献是主要原因。

（有删改）

(二) 遗忘

1. 遗忘的含义

遗忘是指识记过的内容不能再认或回忆，或者错误地再认或回忆。信息加工理论认为，遗忘就是信息提取不出来或者提取错误。

遗忘一般分为暂时性遗忘和永久性遗忘两种。前者是指已经转入长时记忆的内容暂时不能被提取，但在适当的条件下还可能恢复。比如打开衣柜却不知要拿什么，关上衣柜门后再打开又想起来；在街上遇到熟人，却一时叫不出对方的名字，感觉话到嘴边却说不出来，也称为"舌尖现象"。后者则是指记忆过的材料未经复习而不能再恢复的现象。这是一种因衰退原因引起的存储性障碍。比如我们怎么也记不起小时候的玩具藏在哪里了。

2. 遗忘的规律

对遗忘进程最早进行实验研究的人是德国心理学家艾宾浩斯（H. Ehbinghaus）。他以无意义音节为材料，以自己为被试者，以重学时节省的诵读时间为指标，用节省法来做实验，计算出保持和遗忘的数量，绘制成一条曲线，称为著名的艾宾浩斯"遗忘曲线"（图4-2）。

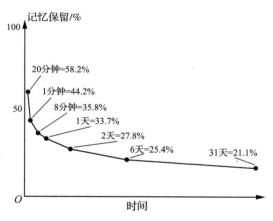

图 4-2　艾宾浩斯遗忘曲线

艾宾浩斯遗忘曲线揭示了遗忘在数量上受时间因素制约的规律。它表明：遗忘的进程是不均衡的，遗忘在识记后立即开始，先快后慢，成负加速型。此后，许多心理学家用无意义材料和意义材料对遗忘现象进行了大量研究，都证实了艾宾浩斯遗忘曲线的普遍性和正确性。

艾宾浩斯和他的无意义音节

艾宾浩斯（图4-3）在1885年发表了著名的《记忆》，使他成了第一位对记忆这种高级心理过程进行科学定量研究的心理学家。在研究中，为了避免由于过去产生的意义联想对记忆保持量的测定造成干扰，他采用了无意义音节作为记忆材料。这种材料是由中间一个元音、两边各一个辅音构成的音节，如 XIQ、ZEH 和 GUB 等。他以自己作为被试者，采用机械重复的记忆方法对词表进行系列学习，当达到刚能一次背诵的程度时便停止。然后间隔一段时间后再测量自己还能记得多少。在记忆保持量的

图4-3　艾宾浩斯

测量方面，艾宾浩斯采用了节省法，又叫重学法，即学习材料到恰能背诵时，间隔一段时间再重新进行学习，达到同样能背诵的程度，然后比较两次学习所用的时间和背诵次数，就可以得出一个节省值。例如，学习30个无意义音节，第一次学习所需时间为5分钟，第二次重新学习所需时间为3分钟，这样第二次学习所需的时间比第一次节省了2分钟。节省的百分数可以用下列公式计算：

$$节省的百分数 = \frac{初学所用时间 - 重学时间}{初学所用时间} \times 100\% = \frac{5-3}{5} \times 100\% = 40\%$$

第二次学习比第一次学习节省了40%。这说明了学习的效果。艾宾浩斯对记忆的研究是一种首创性的工作，他使记忆这种比较复杂的心理现象得到了数量化的研究。另外，为了避免在间隔时间内对学过的材料进行回忆，他还在间隔时间内为自己安排了其他材料的学习任务。利用这种研究方法，艾宾浩斯检验了在不同时间间隔内遗忘量的变化趋势（图4-2）。

为什么在艾宾浩斯的记忆研究中遗忘会发生得如此之快呢？这仅仅是由于时间间隔造成的吗？事实上，除了时间的因素之外，还有另外两个因素也造成了这种情况：一是记忆材料没有意义，使它们难以和已有的记忆产生联系而得到巩固；二是艾宾浩斯在实验中记忆了许多无意义音节词表，这些词表之间相互干扰，也是造成迅速遗忘的一个原因。

（有删改）

3. 影响遗忘进程的因素

遗忘的进程不仅受时间和识记材料性质等因素的影响，也受其他一些因素的影响。

（1）识记材料的性质和数量

识记材料的意义对遗忘进程有很大影响，人对没有重要意义、不感兴趣、不符合需要、在工作和学习中不占主要地位的识记材料最先遗忘，保持最差。同时，识记材料的数量越大，识记后的遗忘也越多。有实验表明，识记5个材料的保持率为100%，识记10个材料的保持率为70%，识记100个材料的保持率为25%。即使是有意义的识记材料，当识记量增加到一定数量，它的遗忘速率会接近于无意义识记材料的遗忘曲线。

（2）学习程度

学习程度是指在学习过程中正确反映学习内容所能达到的程度。一般来说，学习程度越高，遗忘越少，但学习程度达150%时保持的效果最佳。低于150%，因识记没达到一定数量，记忆效果不佳；超过150%，会因学习疲劳，记忆的效果并不随之再有显著增长（图4-4）。这就是艾宾浩斯提出

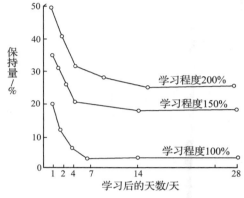

图4-4 学习程度与保持量的关系

的过度学习理论。所谓过度学习是指学习后的巩固水平超过其刚刚能背诵的程度。例如，某篇课文学习10遍后刚好能完全正确无误地背诵，那么这10遍的学习程度即为100%，如果再继续背诵5遍，记忆就会更加牢固，这多加的5遍背诵就是过度学习。可见，"过度学习"实际上是"适度紧张学习"。

（3）识记材料的序列位置

识记材料的序列位置不同，遗忘发生的情况也不一样。这种识记保持量与刺激材料在序列中所处位置有关的效应，叫作系列位置效应（图4-5）。一般是材料中的开始部分（首因效应）和结尾部分（近因效应）的内容更易记住，不易遗忘，而中间部分则很容易遗忘。近年来的许多研究表明，记忆效果最差的并不是在识记材料的正

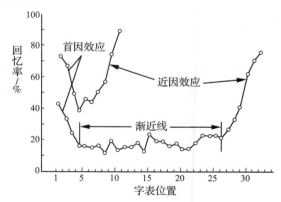

图4-5 系列位置效应曲线

中间部分，而是在中间稍偏后的部分，这可能是由于受前面部分的抑制较多，联系较弱，又较多地受到后面部分的抑制影响所致。

（4）任务的重要性

识记任务的重要程度也是影响遗忘的原因之一。一般来说，识记任务越重要就

越不容易遗忘。识记任务的重要程度会影响识记者的识记态度、识记的目的性等，这些都会影响记忆效果。

（5）个人的动机和情绪

凡是符合个人需要，具有强烈动机且能保持良好而稳定的情绪状态时，能够提高记忆效果，减少遗忘；反之，对那些不需要、不愿意记的东西则是难以记住的。情绪忧郁、烦躁或波动，都会直接影响记忆效果。

4. 遗忘的原因

（1）痕迹消退说

这是最古老的遗忘解释理。该学说认为，遗忘是由于记忆痕迹得不到强化而逐渐减弱，以致最后消退的结果。例如，你曾经见过的一个人，在你的大脑中留下了印象，但从此之后你再也没有见过他，慢慢地你将不再记得他；但如果之后你跟他成了朋友，经常见面，就相当于强化了他在你大脑中的印象，你就不容易忘记他。记忆的痕迹衰退说认为，记忆痕迹一旦消失，不经过重新学习则不能恢复，这个观点与美国教育心理学家桑代克（E. Thorndike）的练习律有相似之处。目前，这一理论还没有得到精确有力的实验证明。

（2）干扰抑制说

该学说认为，遗忘是由于在学习和回忆之间受到其他刺激干扰的结果，一旦排除了这些干扰，记忆就能够恢复。前摄抑制和倒摄抑制就是干扰抑制说最明显的证据。前摄抑制是指先前学习与记忆对后继学习与记忆的干扰作用，比如我们白天学习的东西会影响晚上的复习效果；倒摄抑制则相反，是指后学习的材料对先前学习的材料产生干扰的现象，比如晚上学习的东西会影响对白天学过的东西的记忆。前摄抑制和倒摄抑制一般是在学习两种不同的但又彼此相似的材料时产生的。但学习一种材料的过程中也会出现两种抑制现象。前面所说的系列位置效应就是由于信息之间的相互抑制产生的。

（3）动机性遗忘说

这种学说的提出者是弗洛伊德（S. Freud），又称压抑说，他认为遗忘是由于某种动机的压抑所致。弗洛伊德把记忆和遗忘看作个人维护自我的动态过程，人们常常压抑早年生活中能引起痛苦等消极情绪体验的回忆，以免引起焦虑和不安。弗洛伊德认为，通过某种方式，如催眠或自由联想等是能够恢复这种被压抑的记忆的。如果能找到人压抑回忆的原因，消除记忆材料与消极情绪之间的联系，遗忘现象就能克服。

（4）提取失败说

阿什克拉夫特（M. Ashcraft）认为，遗忘是由于一时失去线索或线索错误，难以即时提取所需要的信息的结果。这是一种暂时的检索失败现象。一旦有了线索，经

过搜索之后，所要的信息就能被提取出来。就如明明知道某个人、某件事或某项答案，但一时不能回忆起来，所谓的"舌尖现象"或"话到嘴边现象"就是这种情况。例如，多年不见的同学出现在面前，很熟悉的名字当时就是说不出来，几分钟之后就想起了。

上述的每一种观点都能解释遗忘的部分现象，但由于遗忘是由多种因素造成的，因此，如果能将几种学说综合起来解释遗忘的原因，可能会更合理些。

5. 利用遗忘规律有效组织复习

"学而时习之，不亦说乎。"良好的学习效果与有效的复习分不开。复习是记忆之母。那么，怎么样的复习才是有效的复习呢？根据遗忘发展的规律，有效的复习应该做到以下五点。

（1）及时复习

艾宾浩斯遗忘曲线告诉我们，遗忘是在学习完成后立即开始的，并且先快后慢，成负加速型，为了维持知识的保持量，复习必须及时。刚记忆的材料如果不进行及时的复习强化，就很难与大脑中原有的知识结构建立起稳固的联结，记忆痕迹较容易衰退。及时复习具有强化联系的作用，使那些即将消失的、微弱的痕迹重新强化而变得清晰，并在头脑中巩固下来，减少遗忘的发生。

（2）分散复习

复习时，时间过分集中，容易出现疲劳，抑制积累，影响复习效果，因此，对于较多、较复杂的记忆材料，要采用分散复习的方式来进行复习。机械识记的材料和技能学习，分散复习的优越性比较明显；在缺乏兴趣及容易疲劳的情况下，也以分散复习为宜。

（3）试图回忆与反复阅读相结合

复习时单纯重复阅读效果并不佳，应该在识记材料还没有完全记住前就积极地试图回忆，当回忆不起来时再阅读，这样容易记住，保持的时间长，错误也少。

（4）多种感官参与，进行多样化的复习

复习并不等于单纯重复。复习方法的单调容易使人疲劳，从而产生消极情绪。比如，长时间坐着不动进行朗读、背诵或抄写，很容易使人疲劳；调动多种感官进行多样化的复习，可使人感到新颖，容易激发学习的积极性，使复习材料与原有知识之间建立多种联系，以便更牢固地保持记忆。比如，一边朗读和背诵一边走动，记忆速度会更快；一边抄写一边默读，记忆效果会更好。

（5）活动有助于记忆

当识记对象成为人的活动对象或活动结果时，人的活动积极性容易被激发，记忆效果会明显提高。

三、再认和回忆的规律

再认和回忆是记忆过程的最后阶段，信息加工论认为这是信息的提取或输出过程，它标志着整个记忆过程的质量和数量，也就是说，它是衡量记忆效果的唯一标准。再认和回忆之间并没有本质的差别，只是两种不同水平的再现，能回忆的必能再认，能再认的未必能回忆。

（一）再认

再认是指识记过的事物再次出现时能识别确认的过程。再认过程中包含知觉、回忆、比较、验证等一系列认知活动。比如，以前听过的歌能迅速识别；幼儿园的同学哪怕多年不见，再见面还能认出。

再认的速度和准确性主要取决于以下两个条件。一是对事物识记的巩固程度，保持巩固，再认就容易；反之，则越困难。二是当前的事物与以前经历过的事物的相似程度，当事物线索变化不大，就可能再认；而当事物线索发生了很大变化，再认就有相当大的困难。

（二）回忆

回忆又称再现或重现，是指过去经历的事物虽不在面前，而在头脑中重新呈现并加以确认的记忆过程。比如，参观动物园回来的孩子可以根据大脑中的形象描述他们所见过的动物，我们可以自由回忆小时候发生的美好生活。回忆并不是简单机械地恢复过去已形成的映像，它包括对记忆材料的一定的加工和重组活动。

第三节　记忆规律在教学中的运用

一、记忆的品质

记忆品质的好坏影响记忆的效果，也是教师评价学生记忆好坏的指标之一，培养良好的记忆品质是保证记忆质量的重要方法。良好的记忆品质具有下列特征：

（一）记忆的敏捷性

同一种材料在相同的时间进行记忆，有些人很快就能记住，有些人需要很长的时间才能记住，这是记忆敏捷性的差别，即识记速度的快慢表现。在现实生活中，人们常以识记的速度来评定一个人记忆的好或坏，这是片面的。事实上，有的人记得快，忘得也快；而有的人记得慢，忘得也慢。因此，记忆的敏捷性必须与其他品质结合起来分析才能做出更正确的评价。

（二）记忆的持久性

识记的材料在大脑中保存时间的长短特征，就是记忆的持久性。记忆的持久性具有个体差异性，有的人能够长期地保存，而有的人则会很快地遗忘。有研究表明，一般情况下，记忆的敏捷性和持久性之间成正相关。

（三）记忆的准确性

记忆的准确性是指记忆提取的内容与事物的本来面目相一致的程度。准确无误地回忆材料是记忆的重要特征。如果记忆的材料不准确，其他的品质就都失去评定的意义和价值。因此，拥有良好记忆的人必须具有记得快、记得牢、记得准的特征。

（四）记忆的准备性

从记忆的储存库中能及时地提取所需要的材料，这是记忆的准备性特征。记忆的准备性取决于记忆材料的归类和系统化、熟记的程度，以及采用寻找线索的追忆方法。

记忆的品质在不同的人身上有独特的结合，形成不同的记忆类型。记忆的品质经过培养是可以改变的，教师应该帮助学生认识自己在记忆上的优缺点，有目的地培养他们的记忆品质。

二、记忆规律在教学中的运用

掌握记忆规律，充分利用记忆规律来提高课堂教学效果，可以从以下几个方面来进行。

（一）明确记忆目的，增强学习的主动性

记忆目的是否明确是影响记忆效果的重要因素，目的越明确，记忆的主动性就越强。所以，有目的才会有动力，才会有责任感和主动性。具体来说，有以下几点：第一，要有长远的记忆目标和意图，学习记忆应有计划；第二，记忆的时间意图应明确、精准，以便提高记忆效果；第三，要培养学生直接和间接的学习兴趣和求知欲。

（二）理解学习材料的意义

一般来说，意义识记的效果会比机械识记的效果好。理解学习材料，进行意义加工，会增强记忆效果，因为意义记忆的材料保持时间长，利用提取快，受干扰少。在学习中，要以意义记忆为主，机械记忆为辅，发挥两种记忆各自的长处，从而提高整个记忆的效果。

（三）对材料进行精细加工，促进对知识的理解

为了理解记忆的材料，在学习过程中我们需要对材料进行分析、理解、意义标

示，然后用自己的话将材料概括并确切地叙述出来，这一系列的过程就是对材料进行精细加工的过程。精细加工的材料组织得好，提取的线索多，利用也更容易。

（四）运用组块化学习策略，合理组织学习材料

短时记忆对信息进行加工时运用的就是组块化编码方式。在识记过程中对材料进行组块化编码，再进一步将它们组合成数量更少的、体积更大的组块，以便进行学习。经过组块化编码的信息能更有效地进入长时记忆，并且不容易遗忘。

（五）运用多重信息编码方式，提高信息加工处理的质量

在学习材料时，根据不同材料的性质，选择合适的信息编码方式，提高信息加工的质量。对一些材料，还可以使用多重信息编码方式，对信息进行转换，使之适合于记忆储存。一般来说，既有语义编码又有形象编码的材料易于记忆。

（六）重视复习方法，防止知识遗忘

遗忘规律告诉我们，识记过的材料如果不进行复习很难保持，复习是短时记忆进入长时记忆的必经途径。所以，良好的复习方法是防止知识遗忘的有效手段。有效的复习方法主要包括：及时复习；合理分配复习时间；分散与集中相结合；反复阅读与试图回忆相结合；复习方法多样化；运用多种感官参与。

记忆研究怎样帮助你准备考试？

学生们在读了有关记忆研究的内容之后，询问最多的问题是："我怎样能马上用上这些？这些研究怎样帮助我准备下一次考试？"从研究结论中，我们可以总结出这些建议。

● 编码特异性。就像你回想起的那样，编码特异性原则表明提取的背景应该匹配编码的背景，否则提取就比较困难。因此，即使在学习时你也应该变换背景，重新组织你的笔记的顺序。

● 系列位置效应。系列位置效应就是开始或结尾部分的记忆材料的记忆效果好于中间部分的记忆效果。因此，在听课的时候，你应该提醒自己要特别注意中间那段时间。在学习的时候，你应该投入更多的时间和努力在要学习的材料上，以确保每次不会以相同的顺序学习这一材料。如果你要参加覆盖所有课程内容的一次期末考试的话，就必须特别仔细地复习中间章节。

● 精细复述和记忆术。有时当你准备考试的时候，你会感觉像在设法获得"无组织的信息"。例如，你可能被要求记住大脑不同部分的功能。在这种情况下，你需要自己设法提供结构。设法以创造性的方式使用概念形成视觉表象或构造句子或故

事。精细复述告诉你，利用已学的知识可以使新知识更容易记忆。

● 元记忆。关于元记忆的研究结果表明，人们通常对自己知道什么和不知道什么有很好的直觉。如果你处在一个有时间限制的考试情景下，就应该让直觉来指导你怎样分配时间。

（有删改）

【本章要点】

本章主要介绍了记忆的定义、种类、过程、规律，主要有以下几点内容：

（1）记忆是人脑对过去经历过的事物的反映。根据不同的依据，有不同的分类。记忆有记忆语词和表象两种形式。记忆的测量可以通过回忆法、再认法、节省法、重建法四种方法来进行。

（2）记忆过程包括识记、保持和回忆（再认）三个相互联系、相互制约的基本环节。识记有机械识记和意义识记、无意识记和有意识记之分；保持的反面就是遗忘，艾宾浩斯遗忘曲线告诉我们，遗忘是先快后慢的，要及时有效地进行复习；对遗忘的理论解释主要有四种，即痕迹消退说、干扰抑制说、动机性遗忘说、提取失败说。过去经历过的事物是否重新出现是区分再认和回忆的关键。

（3）记忆有四大品质，分别是敏捷性、持久性、准确性和准备性。教师可以利用记忆规律有效地组织教学。

【练习与思考】

一、单项选择题

1. 德国心理学家艾宾浩斯提出遗忘曲线，指出遗忘的规律是（　　）。
   A. 先慢后快　　B. 先快后慢　　C. 先长后短　　D. 先短后长

2. 我们能很顺利地将广播体操一个动作接一个动作、一节接一节地做下来，就是（　　）在起作用。
   A. 形象记忆　　B. 运动记忆　　C. 情绪记忆　　D. 理解记忆

3. 在不理解的情况下，幼儿能熟练地背诵古诗，这是（　　）。
   A. 意义记忆　　B. 理解记忆　　C. 机械记忆　　D. 逻辑记忆

4. 对遗忘最古老的理论解释是（　　）。
   A. 痕迹衰退说　B. 干扰说　　　C. 压抑说　　　D. 提取失败说

5. 记忆分为形象记忆、逻辑记忆、情绪记忆、动作记忆、情景记忆，此分类是根据（　　）。

A. 记忆的容量　　B. 记忆的内容　　C. 记忆的时间　　D. 记忆的类别

6. 个体对经历过的事物在重新出现时能够把它识别出来,这是(　　)。

A. 识记　　　　B. 保持　　　　C. 再认　　　　D. 回忆

二、简答题

1. 简述记忆的过程。
2. 影响遗忘进程的因素有哪些?
3. 如何在教学过程中利用记忆规律?

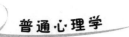

第五章

想象和思维

【本章提要】

古时有"嫦娥奔月"的传说,今天人类已经实现了登月的梦想,这些都离不开人类的想象与思维。想象与思维是人类的高级认知过程,正是有了想象与思维,人类才创造出千年的物质文明与精神文明。人类的想象与思维是什么,想象与思维是怎么发生的,本章将为你揭晓答案。

【学习目标】

- 掌握想象与思维的概念。
- 掌握想象与思维的分类。
- 了解如何培养良好的想象品质与思维品质。

第一节 想象概述

一、想象的含义

想象是人脑对已有的表象进行加工改造,创造出新形象的心理过程。想象是思维的初级形式,建立在记忆表象的基础之上。通过想象创造出的新形象是个体未感知过的,是非常直观形象的图像表征。

例如,教师教授古诗《登高》时为学生描述:"风急天高猿啸哀,渚清沙白鸟飞回。无边落木萧萧下，不尽长江滚滚来。"学生可以在头脑当中想象出古诗描述的景象。

个体对已有的表象进行加工改造的方式一般有以下几种。

1. 黏合

黏合是指将不同事物的属性、元素、特征全部或部分结合在一起而形成新形象的过程。例如，飞马、美人鱼的动画形象就是通过黏合进行加工改造的。

2. 夸张与强调

夸张与强调是指改变客观事物的正常特征，使事物的某一部分或某一种特征增大、缩小、数量变多、色彩加浓等，在头脑中形成新形象的过程。例如，千手观音、超人、小人国等形象的创造运用的就是夸张与强调。

3. 拟人化

拟人化是把人类的形象和个性加在外界客观对象上，使之人格化的过程。例如，动画片中各种动物的形象，封神演义、聊斋当中的人物形象就是通过拟人化进行加工改造的。

4. 典型化

典型化是根据一类事物共同的、典型的特征创造新形象的过程。典型化是文学、艺术创作的重要方式。例如，鲁迅笔下的阿Q、祥林嫂等人物形象就是将某类人物个性突出地表现在某个人物形象上。

二、想象的功能

想象在人类发展过程中起着重要作用，表现为以下三种功能。

1. 补充功能

人类的感知范围有限，有些事物我们不能直接感知，但我们可以通过想象去弥补感知的不足。比如，浩瀚宇宙、恐龙时代等因为时间、空间等因素我们不能直接感知，却能够通过想象弥补这些知识经验。

2. 预见功能

在解决问题的过程中，我们可以通过想象预见问题的解决过程和结果，从而做出调整。在科学研究中，想象也能帮助我们预见未来可能发生的事情，对于符合事物发展规律的现象，做到超前反映。

3. 替代功能

当人们的某些需要没有得到满足时，可以通过想象的方式，从心理上得到某种替代和补偿。比如，成语望梅止渴、画饼充饥。但是，不能过度依赖想象的代替功能，通过想象得到心理上的满足以后，我们还是要回归现实。

三、想象的分类

根据想象是否有预定目的，可以把想象分为无意想象与有意想象。

（一）无意想象

无意想象是指没有预定目的，不自觉产生的想象。比如看到地上的水渍，儿童联想到大象。无意想象是没有预定目的的，往往是由外部刺激引起的，因为水渍的形状太像大象，所以勾起了儿童的想象。

梦是无意想象的一种特殊形式。当人在睡眠状态下，大脑皮质处于不平衡抑制状态，少数神经细胞的兴奋使一些表象被激活，由于缺乏意识的控制与调节，被激活的表象形成了离奇的组合，这些稀奇古怪的组合使得梦境与现实生活大相径庭。

（二）有意想象

有意想象是指根据一定的目的，自觉产生的想象。例如，学生读《沁园春·雪》，在头脑中形成北国风光的情景；学生围绕一个主题进行作文创作。

根据独特性、新颖性、创新性的不同，又可以把有意想象分为再造想象、创造想象、幻想。

1. 再造想象

（1）再造想象的概念

再造想象是指依据语言、图样、符号等的描绘，在头脑中创造出新形象的过程。例如，学生根据古诗"床前明月光，疑是地上霜"的描绘，头脑中出现相应景象；建筑设计师根据建筑设计图在脑海中构造出建筑物的形象。

再造想象是理解和掌握知识必不可少的条件。在掌握间接经验的过程中，知识停留在机械识记水平是毫无意义的，只有在头脑中形成与概念相对应的形象，才能真正理解和掌握知识。因此，课堂教学的形象化、直观化，有利于知识的掌握和运用；教师生动的语言及丰富的教学媒体的使用，有利于学生想象的发展和知识的掌握。

再造想象对人格的塑造也有重要作用。再造想象的过程往往是榜样言行内化的过程。儿童在了解了榜样故事以后，想象自己亲身体验这些行为，并指导自己的行动。

（2）再造想象产生的条件

再造想象的生动、形象、准确与否依赖于许多条件。

① 必须具有丰富的表象储备。表象是想象的基础与原材料。表象越丰富，再造想象的内容也就越丰富。反映客观现实的直观材料越准确，再造想象的内容就越正确。

② 为再造想象提供的词语及实物标志要准确、鲜明、生动、形象。准确、鲜明、生动、形象的语言及实物标志，便于人们理解，从而产生合理的再造想象，而对于含糊不清、模棱两可的语言或符号，人们很难发挥准确、逼真的想象。例如，《红楼梦》描写王熙凤时写道，"一双丹凤三角眼，两弯柳叶吊梢眉""粉面含春威不露，丹唇未启笑先闻"，显得十分形象、逼真，想象起来比较容易。

③ 正确理解词语与实物标志的意义。再造想象依赖语言、图样、符号的描述。看小说时，对言语的理解越准确，想象也就越准确、丰富；学生看不懂文言文，就无法在头脑中形成丰富的再造想象的形象；普通人看不懂电路图，也就无法想象电路图所体现电路装配的形象。

2. 创造想象

（1）创造想象的概念

创造想象是指在创造活动中，根据目的、任务独立创造新形象的过程。例如，吴承恩在《西游记》中创造出孙悟空、猪八戒等形象；建筑设计师画出房屋设计图，就是创造想象的产物。与再造想象相比，创造想象具有独创性、新颖性，创造性成分更高。

（2）创造想象产生的条件

① 创造动机。创造动机是创造想象产生的动力。社会生活中个体不断遇到新的问题，由此产生创造新事物、解决新问题的需要和动机。

② 丰富的表象储备。表象是一切想象的基础。表象越丰富，质量越高，创造想象也会越广、越深；表象越贫乏，想象就越单薄、肤浅。鲁迅曾说过："如要创作，第一须观察，第二是要看别人的作品，但不可专看一个人的作品，以防被他束缚住，必须博采众长，取其所长，这才后来能够独立。"如鲁迅笔下的阿Q就是以旧社会农村流氓无产者的表象为基础创作的典型形象。

③ 积累必要的知识经验。要进行创造想象，还必须对有关领域进行深入研究，掌握必要的知识。例如，李时珍积累了大量医药学知识，终于写出《本草纲目》；袁隆平深耕稻田进行研究，才发明杂交水稻。

④ 原型启发。人类的创造想象不是凭空出现的，在创造的开端或准备阶段，总会受到一种类似事物或模型的启发。这种对创造活动有影响、有启发作用的类似事物或模型称为原型。例如，鲁班发明锯子是受到锯齿状小草的原型启发；人们通过对鸟翅膀构造的研究，发明了飞机。

⑤ 积极的思维活动。创造想象包含着逻辑思维过程。任何创造想象都包括复杂的分析、综合、抽象、概括等思维过程，只有通过积极的思维活动才能创造出独特的、新颖的产品。例如，作家在写小说前要考虑主题、人物、事件等的内在逻辑，如果信马由缰、胡编乱造，就很难塑造出好的人物形象，写出好的作品。

⑥灵感的作用。在创造活动中，常出现"顿悟"，即突然出现新想法、新思路、新形象，这种状态叫灵感。例如，我们在写作时，经常不知如何落笔，某一刻灵感来了，突然文思泉涌，下笔如有神助。灵感并不是神秘物，而是在长期经验积累的基础上，当我们的注意力高度集中在要解决的问题上，过去积累的大量表象被唤起，并且迅速结合，构成了新的形象。

（3）幻想

幻想跟人的愿望相关，指向未来的想象，是想象的一种特殊形式。其中符合客观事物发展规律，可以实现的幻想，称为理想；而不符合客观事物的发展规律，没有实现的可能性的幻想，称为空想。例如，学生想象自己长大后成为一名科学家，这是理想；而学生想象自己变成孙悟空，则是空想。

第二节　思维概述

一、思维的含义

思维是人脑对客观现实间接的、概括的认识。间接性和概括性是思维的两个基本特性。

思维的间接性是指人们借助于一定的媒介对客观事物进行间接反映。例如，早上推开窗户发现地面是湿的，就知道昨天晚上下雨了，我们没有直接感知到下雨，但通过地面湿这个现象可以知道，体现的就是思维的间接性。医生不用剖开头骨观察大脑的活动，但能够通过脑电图等间接地了解大脑的活动情况。民间谚语"燕子低飞要下雨"等体现的都是我们可以借助于其他事物，间接认识客观事物。

思维的概括性是指在大量感性材料的基础上，人们把一类事物共同的特征和规律抽取出来加以概括，从而反映事物的本质，反映事物之间的本质联系和规律。例如，我们把"鸟"的本质属性概括为有羽毛、前肢为翼、无齿有喙的动物。古代谚语"月晕而风，础润而雨"就是人们在长期的观察中得到月晕就要刮风、房基石潮湿就要下雨这个规律。

思维的间接性和概括性使人类的认识摆脱了具体事物的局限性和对事物的直接依赖关系，这不仅扩大了人们认识的范围，也加深了人们对事物的了解。

二、思维的分类

（一）根据思维任务的性质、内容和解决问题的方式分类

根据思维任务的性质、内容和解决问题的方式，可将思维分为直观动作思维、具体形象思维和抽象逻辑思维。

直观动作思维是指凭借感知，伴随实际动作的思维。直观动作思维是人类最早出现的思维，如3岁前的幼儿对事物的认识一定要感知到，并伴随动作的操作。成人也需要用到直观动作思维，如汽车修理工人在修理汽车时，一定要检查汽车的部位或零件，在动手操作的过程中才能把车修好。

具体形象思维是指借助事物的形象或表象进行的思维。例如，外出旅游规划线路时，我们会在头脑中出现线路途中的道路、车站、建筑等。艺术家、作家、设计师等更多地运用具体形象思维。学前儿童也是以具体形象思维为主，学前儿童在认识事物或解决问题时需要依赖事物的形象。比如，幼儿对"兔子""解放军"的认识就是记住白兔和解放军叔叔的形象，所以思维可能会出现片面性：兔子一定是小白兔，黑色的兔子就不是兔子，解放军脱下军装就不是解放军了。

抽象逻辑思维是指通过概念、判定、推理等形式达到对事物本质及其内在规律认识的思维。例如，学生在学习各种科学文化知识时，运用的就是抽象逻辑思维。抽象逻辑思维是人类特有的思维形式。

（二）根据思维以日常生活经验还是以科学理论为指导分类

根据思维以日常生活经验还是以科学理论为指导，可将思维分为经验思维和理论思维。

经验思维是指人们凭借日常生活经验进行的思维活动。例如，我们一般认为，长头发、穿裙子的是女生；会飞的动物就是鸟。经验思维方便快捷，在我们生活当中经常出现，但经验思维局限于个体的生活经验，不一定准确。

理论思维是指根据科学的概念和论断，判断某一事物，解决某一问题。例如，同样是判断男性或女性，应从生理解剖学的角度进行分析；根据"绿色植物都可以进行光合作用"这一科学原理来判断某一植物的光合作用。科学研究中常用到理论思维。

（三）根据思维过程中意识的参与程度分类

根据思维过程中意识的参与程度，可将思维分为直觉思维和分析思维。

直觉思维是指未经逐步分析就迅速对问题答案做出合理的猜测、设想或顿悟的思维。例如，医生看病时根据患者描述的症状，做出初步的诊断；警察断案时，根据初步掌握的信息，锁定犯罪嫌疑人，这都是直觉思维。

分析思维是指经过逐步分析后，对问题解决做出明确结论的思维。例如，医生经过血液等身体检查给患者一个明确的诊断；警察通过收集证据确定犯罪嫌疑人。

（四）根据思维创新成分的多少分类

根据思维创新成分的多少，可将思维分为常规思维和创造性思维。

常规思维是指运用已有的知识经验和现成的问题解决方法来解决问题的思维。例如，学生运用已有的公式解答数学问题，教师按已有的教学方法进行教学。常规思维的创造性成分较低，在一般性活动中常出现。

创造性思维是指对知识经验进行重组，运用新的方法，提出新的方案或程序的思维。创造性思维的创造性成分较高，能创造出新的思维成果，在创造性活动中应用较多，如科学研究、艺术创作、技术革新。

（五）根据思维方向的不同分类

根据思维方向的不同，可将思维分为辐合思维和发散思维。

辐合思维是指人们把问题所提供的各种信息集中起来得出一个正确的或最好的答案。例如，学生解题时根据已有的信息，找到最佳的解题方法；科学研究中将收集到的文献资料汇总、分析，归纳出一个结论。

发散思维是指从一个目标出发，沿着各种不同途径寻求各种答案的思维。在创造性活动中经常会用到发散思维。例如，设计新的服装样式；开发学生趣味性活动；一道题有多少种解法；等等。

在创造性活动中，我们经常从三个维度衡量创造性的高低，即流畅性、变通性和独创性。

流畅性是指单位时间内发散思维的数量。例如，在"非常规用途测验"中，回答"红砖有哪些用途？"的问题，单位时间内能说出的项目越多，代表流畅性越好。

变通性是指发散项目的广度或维度。广度越大、维度越多，代表变通性越强。例如，在"非常规用途测验"中列举红砖的用途，被试者列举出"盖房子、盖屋顶、砌围墙、铺路、修灶台"，这些都属于一个维度，都只涉及红砖的建筑用途，说明被试者的变通性较差；如果被试者列举出"盖房子、做垫脚台、作为测量工具、磨成粉制成颜料、做装饰物"，这些用途都属于不同的维度，说明被试者的变通性较好。

独创性是指发散思维的创新性程度。例如，列举红砖的用途，建筑用途体现的创新性程度较低，而用来磨成粉制成颜料体现的创新性程度较高。

三、思维的过程

思维过程包括分析与综合、比较与分类、抽象与概括、具体化与系统化等过程。

（一）分析与综合

分析是指将事物的整体分解成各个部分或各种特性的思维过程。人们对事物本质属性的认识往往是从分析开始的。例如，想要知道"人"的本质属性，就要通过分析把"人"的不同类别摆出来，人可以分为男性、女性、大人、小孩、黄种人、黑种人、白种人，等等，再把每一个个体所有的特征列出来。在解决问题的过程中，也需要将问题情境进行分析，把条件、问题等摆出来，逐个加以分析。

综合是指将事物的各个部分、各种特性综合成整体的思维过程。例如，将"人"的各种特征综合起来，得到"人"的整体认识。解决问题的过程中将条件与问题综合起来，发现内在联系，找到解决问题的方法。

（二）比较与分类

比较是把不同的事物或特征加以对比，确定相同点与不同点。比较根据对象的不同，可以分为两种类型：一是不同事物之间的比较，从而把握事物之间的异同，理清事物之间的关系；二是同一类事物或一类事物的不同特征的比较，从而区分本质特征与非本质特征。

分类是在比较的基础上，根据事物的相同点和不同点分成不同的类别。通过分类，把具有相同点的事物分为一类，把具有不同点的事物分为不同的类别。分类有利于深化对某一事物的认识，在分类的基础上，能够对一类事物有更系统的认识。

（三）抽象与概括

抽象是在头脑中将事物的本质属性抽取出来，并舍弃非本质属性的思维过程。例如，我们对"人"本质属性的认识，就是将会说话、会劳动、能制造工具等本质属性抽取出来，舍弃肤色、高矮、要喝水、能吃饭等个别属性。

概括是在头脑中将抽象出来的本质属性进行综合并推广到同类事物中去，使之普遍化的过程。比如将"会说话、会劳动、能制造工具"这些本质属性综合起来，推广到一切人类上，只要符合这些特质就是人。

（四）具体化与系统化

具体化是指在头脑中把抽象、概括出来的理论，与具体事物相联系的过程，也就是把关于事物及事物之间关系的认识运用到实际活动中，用理论指导实践的过程。

系统化是指将理论知识分门别类，按一定的程序组成层次分明的系统。例如，我们用编写提纲、绘制图表、画出思维导图等方法将知识组成一个理论体系。

在思维的过程中，分析与综合、比较与分类、抽象与概括、具体化与系统化，不是孤立发生的，往往是相互联系的，并且是在具体的思维过程中结合起来使用的。

四、思维的基本形式

思维的基本形式有概念、判断和推理三种。

（一）概念

概念是指人脑对一类事物本质属性的认识。概念是思维的最小一级单位，掌握了概念就认识了一类事物，概念的掌握使得我们的认知超越感觉、知觉的范围，透过事物的表面现象认识事物的本质。

概念包括内涵与外延。概念的内涵反映的是事物的本质属性，如"有羽毛""无齿有喙""卵生"就是"鸟"的内涵。外延是指概念所反映的具体事物，如麻雀、黄鹂、孔雀、画眉都是鸟的外延。概念的内涵增加，外延就变小了。

概念具有不同的等级和层次，构成不同的隶属关系，有上位概念、基本概念和下位概念。以"水果"为例，水果是上位概念，这个概念的下一等级是基本概念，如"苹果""梨""香蕉"等是基本概念，"红富士苹果""黄元帅苹果""花牛苹果""鸭梨""丰水梨""香梨"等就是下位概念。

概念通过词来表达，概念的形成过程也是通过词或句子来实现的。但词与概念并不总是一一对应的，不同的词可以表达同一概念，如"马铃薯""土豆"表达的是同一概念；同一个词在不同的语境中可以表达不同的概念，如"千金"在不同的语境中可表达"女儿""有钱""珍贵"等不同的概念。

概念的获得一般包括两种基本方式：通过实物获得和通过语言理解获得。儿童对具体概念的获得可以通过实物获得。例如，"兔子""家具""交通工具"就是在感知实物的基础上获得概念的。概念也可以通过语言理解获得，成人通过讲解的方式让儿童获得概念。例如，"人类"的概念：人类，属灵长目，具有完全直立的姿势，解放了的双手，复杂而有音节的语言，特别发达、善于思维的大脑，并有制造工具、能动地改造自然的本领。在这个过程中，个体通过理解句子来获得概念。

（二）判断

判断是用肯定或否定来表达事物之间的联系。判断包括两个或两个以上的概念，反映概念与概念之间的关系。例如，老虎是一种动物，鱼会游泳，蜜蜂不是小鸟，这些都是判断。

（三）推理

推理是由一个或几个已知的判断推出新的判断的过程。例如，"水果的水分多"是一个判断；我们已知"苹果是水果"，可以推理出苹果水分多。

推理包括演绎推理和归纳推理。

演绎推理是从一般规律出发，运用逻辑证明或数学运算，得出特殊事实应遵循的规律，即从一般到特殊。演绎推理一般是三段式推理，由两个前提和一个结论组成，如我们已知一般性原理"所有三角形的内角和是180°"，又已知"直角三角形是三角形"，可以推理出新的结论"直角三角形的内角和是180°"。

归纳推理是从许多个别的事物中概括出一般性概念、原则或结论，即从特殊到一般。例如，蜂鸟是恒温动物，红雀是恒温动物，麻雀是恒温动物……推理出"鸟类是恒温动物"。即从个别化的例子推理出一般的原理、规律，这属于归纳推理。

第三节　想象和思维的品质

一、想象的品质

（一）想象的丰富性

想象的丰富性是对想象内容的丰富程度而言的。想象的丰富性取决于原有表象的多样性程度，表象是想象的原材料，表象越多样、越具体，想象也就越丰富。想象的丰富性还取决于对当前事物的理解程度。例如，关于绘画的知识经验越丰富，想象也就越丰富。

想象丰富的学生在面临问题时，能够唤起数量多且质量高的表象，使想象的内容充实，且解决问题的方案有多种；而想象贫乏的学生往往囿于有限的表象内容，即使创造出了新事物，其形象也是单调、贫乏的。

（二）想象的主动性

具有想象主动性品质的学生在任何问题面前都能驾驭自己的想象，使之有目的地沿着解决问题的方向行进，在发现有的方案不能解决问题时，又能主动而及时地改变想象方向去探求更有效的途径；而缺乏想象主动性的学生在问题面前往往懒于展开想象，即使一时展开想象，也容易失去方向，或误入想象的歧途。

（三）想象的新颖性

具有想象新颖性品质的学生不论在想象的内容上还是在想象的形式上都敢于标新立异，且又立足于现实；而缺乏想象新颖性品质的学生往往只会机械模仿，在问题或活动中，其表现都平淡无奇。

（四）想象的现实性

想象归根结底要以客观现实为基础。虽然想象经常跑在现实前面，但它并没有与现实脱离关系。具有想象现实性品质的学生所想象的事物可以在现实中得到体现；

而缺乏想象现实性品质的学生往往想入非非，他们的想象与现实脱节，无法在现实中得到落实，最终只是一种空想。

二、想象力的培养

（一）增加学生的表象储备

表象是想象的材料，表象越丰富，想象也就越丰富，质量也越高。教师在教学过程中要创设条件，采取多种手段丰富学生的表象储备。

丰富学生的表象储备，首先，要丰富学生的实践，教师应鼓励学生热爱生活，丰富感知，多组织学生参加各种科技活动、课外活动，在实践中开阔视野、储备表象。

其次，教师在教学中应使用多样化的教学手段和丰富的语言来增加学生的表象储备。例如，在物理教学中，教师通过计算机的模拟演示，让物理微观世界变得直观、形象；在语文教学中，教师通过生动的语言描述，让学生想象出栩栩如生、有血有肉的人物形象。

最后，教师要鼓励学生增加课外阅读量。课外阅读是培养想象力的有效措施，通过课外阅读，可以提升表象的广度和深度。

（二）积累必要的知识、经验

要促进学生想象的发展，必须对有关领域进行深入研究，掌握必要的知识。每一个发明创造都是发明者对相应领域深入研究的结果。李时珍潜心研究药学，才写出《本草纲目》；蔡伦潜心研究多年，才改良了造纸术。可见，只有对某一领域深入研究，掌握必要的知识，才能在相应的领域发挥丰富的想象，有所建树。

（三）提高学生的思维水平

想象是对已有的表象进行加工改造，具备了丰富的表象还不够，还需要具备加工改造的能力，即思维能力。学生只有能够对已有的表象进行分析、综合，以各种创新的方式把表象重新组合成新形象，才能说学生是在进行想象，否则就只是旧表象的重现。关于创造性思维的培养，参阅本节后面内容。

三、思维的品质

不同个体在思维中常表现出差异，这些差异我们称之为思维品质，思维品质是衡量一个人思维发展水平的指标。思维品质主要包括以下几项。

（一）独立性

思维的独立性是指独立地发现问题，分析和解决问题。思维的独立性要求个体在思维过程中独立思考，不轻易受他人的暗示和影响。但对于他人的意见，能主动甄别、评价，采纳有益的意见，摒弃错误的意见。独立性的反面是盲从性和独断。盲从是指对问题不求甚解，盲目听从他人意见；独断是指对于他人的看法，不主动加以评判，一味拒绝。

（二）广阔性

广阔性是指能全面细致地思考问题，既注重问题整体，又注重细节；既考虑问题本身，又兼顾与问题有关的条件。例如，有的人在解决问题时，既能紧扣主题，又能旁征博引，并善于用多种方法解答。广阔性以丰富的知识为基础，知识贫乏不可能有广阔性品质。广阔性的反面是片面性和狭隘性，它是指在解决问题时，往往囿于问题本身，思路狭窄，想不到其他解决问题的办法。

（三）深刻性

深刻性是指能透过问题的表面看到事物的本质，或既关注到事物的现在，也能从纵向角度关注事物的过去和将来。表现为在日常生活中善于打破砂锅问到底，但又不钻牛角尖。例如，牛顿看到苹果落地，联想到地球引力，进而提出万有引力定律。思维深刻性的反面是肤浅性，思维肤浅的人在思考问题时，往往不求甚解，浅尝辄止。

（四）批判性

批判性是指在思维过程中根据客观标准进行思考并解决问题的思维品质。具有批判性思维的人，有明确的是非观念，善于根据客观指标和实践观点来检查、评价自己和他人的思维活动及结果，能考虑正反两方面的意见，坚持正确的观点，摒弃错误的观点。它不同于思维的独立性，独立性侧重不受别人的影响，而批判性侧重不受主观因素的影响，如认知局限性、情绪等的干扰。

（五）敏捷性

敏捷性反映了思维的速度，指能迅速抓住问题的核心，快速把握事物的本质和规律，短时间内提出解决问题的正确方案。思维的敏捷性表现为在认识事物和解决问题的过程中果断迅速，但又不草率行事。与敏捷性相反的品质是优柔寡断和武断。优柔寡断是指解决问题时犹豫不决，徘徊不定；武断是指不能正确地分析问题，不能抓住问题的核心，草率行事。

（六）灵活性

灵活性反映了思维随机应变的程度，指个体善于根据具体情况的变化，及时调整原有的方法，提出解决问题的新思路、新方法，并能够举一反三。与灵活性相反的思维品质是因循守旧和固执己见，前者表现为头脑僵化、墨守成规，后者表现为爱钻牛角尖、一意孤行。

四、创造性思维的培养

创造性思维是指以新颖独创的方法解决问题的思维过程。这种思维不仅能揭示客观事物的本质及其内部联系，而且能在此基础上创造新颖的、独创的、有社会意义的思维成果。它是人类思维的高级过程，是人类意识发展水平的标志。

创造性思维是在一般思维的基础上发展的，我们可以采取以下措施培养创造性思维。

（一）激发学生的好奇心和探索欲，增强创新意识

对未知事物的好奇心是人类认识活动的内部动力，求知欲旺盛的人能积极思考，不满足于已有的知识经验，善于发现问题，积极解决问题。我们可以在学生的学习和生活中创设符合学生认识发展规律的问题情境，鼓励学生提出问题，探索问题的答案。要鼓励学生积极参加各种创造性活动，鼓励学生新颖、独特的创新性行为，在创造性活动中帮助学生树立信心，激发学生的创新欲望，鼓励他们大胆尝试，勇于实践，不怕失败。

（二）注重学生发散性思维的训练，培养思维灵活性

发散性思维是创造性思维的主要成分，体现了思维的灵活性。在教学活动中，教师应有目的、有意识、有计划地运用各种发展发散性思维的策略。例如，创设问题情境，让学生发现问题，选择解决问题的方法；容忍学生在创造性思维活动中出现零乱的、模糊的、不确定的新思想、新观点；鼓励学生合理冒险，尝试新方法，探索未知领域。

训练发散性思维有很多方法，如用途扩散、结构扩散、形态扩散与方法扩散等。用途扩散是指让学生以某件物品的用途为扩散点，尽可能多地设想它的用途，比如白纸的用途、衣架的用途等。结构扩散是指以某种事物的结构为扩散点，设想出利用该结构的各种可能性，如尽可能多地画出包含三角形结构的东西。形态扩散是指以事物的形状、颜色、音响、味道、明暗等为扩散点，设想出利用某种形态的可能性，如尽可能多地说出有香味的东西。方法扩散即以解决问题或制造物品的某种方法为扩散点，设想出利用该方法的各种可能性，如尽可能多地说出用"跳"的方法可以完成的事情。

（三）运用多元化学习评价方式，鼓励学生创造性行为

传统的学习评价方式主要采用纸笔测试，追求统一的标准答案，学生往往循规蹈矩，死记硬背。纸笔测验虽然能在认识领域呈现量化的评价结果，但采用统一的标准答案限制了学生的创造性思维。我们推荐采用多元化评价方式，以人为本，充分发挥评价的激励作用。

第五章　想象和思维

将过程评价与总结性评价结合，既关注学习的结果，也关注学习的过程，如预习检查、课堂提问、随堂作业、实践活动等，鼓励学生在学习前、学习中、学习后的各种创造性突破。

将"自评"与"他评"结合，实现评价主体的多元化。单一主体评价容易受评价主体主观因素的影响，可以将学生自评、师生互评、生生互评相结合，发现、鼓励学生的创造性行为，不要预设是与非、对与错的绝对权威。

以鼓励性评价为主，为学生营造安全、自由的学习氛围，激发学生对知识的求知欲望，引导学生主动思考，开阔思维，引导学生产生更多的创造性行为。

（四）培养学生的创造个性

创造性思维的发展不仅与智力因素有关，而且与个性因素也有密切关系。研究表明，人的意志力、自信心、独立性等个性因素在创造性活动中起着重要作用。因此，教师要有意识地通过各种活动培养学生独立、自信、持之以恒、有创新意识、有责任感、勤奋、乐观、感情丰富、勇敢、顽强、坚韧、果断、勇于进取和探索、富于想象、兴趣广泛、有强烈好奇心、好冒险、不盲从等个性品质，这些都有利于学生创造性思维的发展。

创造性思维实例

一、酒桶与听诊器

300多年前，一位奥地利医生给一个胸腔有疾的人看病，由于当时还没有发明出听诊器和X射线透视技术，医生无法发现病症在哪里，病人不治而亡，后来经尸体解剖，才知道死者的胸腔已经发炎化脓，而且胸腔内积了不少水。这位医生非常自责，决心要研究判断胸腔积水的方法，但百思不得其解。恰巧，这位医生的父亲是个精明的卖酒商，父亲不但能识别酒的好坏，而且不用开桶，只要用手指敲敲酒桶，就能估量出酒桶里面酒的数量。医生在他父亲敲酒桶举动的启发下想到，人的胸腔不是和酒桶有相似之处吗？父亲既然通过敲酒桶发出的声响可以判断酒桶里有多少酒，那么，如果人的胸腔内积了水，敲起来的声音就一定和正常人不一样。此后，这个医生再给病人检查胸部时，就用手敲敲听听。他通过对许多病人和正常人的胸部的敲击比较，终于能从几个部位的敲击声中，诊断出胸腔是否有病。这种诊断方法就是现在医学上所称的"叩诊法"。

后来，这种"叩诊法"得到了进一步的发展。1861年的某一天，法国男医生给一位心脏有病的妇人看病时为难了。正在为难之际，他忽然想起了自己在参与孩子

游戏活动中的一件事情，孩子们在一棵圆木的一头用针乱划，另一头用耳朵贴近圆木能听到接刮声，而且还很清晰。在此事的启发下，他请人拿来一张纸，把纸紧紧卷成一个筒，一端放在妇人的心脏部位，另一端贴在自己的耳朵上，果然听到患者的心率声，甚至比直接用耳朵贴着患者胸部听的效果更好。后来他根据这一原理，把卷纸改成小图木，再改成现在的橡皮管，另一头改进为贴在患者胸部能产生共鸣的小盒，就成了现在的听诊器。

二、诺贝尔的炸药

阿尔弗雷德·诺贝尔（A. Nobel）是一位杰出的化学家，他的最大贡献是发明了达纳炸药，给世界工业的发展开拓出美好的前景。诺贝尔在研制炸药的过程中，有一次工厂把装着硝化甘油的油桶堆在海滩上以备装船。不知何故，有一个桶底出现了漏洞，把硝化甘油漏到了海滩上的沙子里，诺贝尔想，硝化甘油是炸药，那么被硝化甘油浸湿的沙子会不会也是炸药呢？于是他悄悄地把带油的沙子带回去做试验。出人意料的是，这些被硝化甘油浸过的沙子不怕冲击和敲砸，但是在用火靠近时就发生了爆炸。就这样，在桶底漏油之后，偶然地发现了既不怕冲击又能够爆炸的物质。在此基础上，又经过多次的试验和研究，终于在1867年发明了既有爆炸力又完全可靠的一种新炸药，即达纳炸药。

三、比尔·盖茨和个人电脑

1975年1月，比尔·盖茨还是哈佛大学二年级学生，一天他从《大众电子学》封面上看到 MITS 公司研制的第一台个人计算机照片。该计算机使用了 Intel 8080 CPU 芯片（8位机），他马上认识到，这种个人机体积小、价格低，可以进入家庭，甚至人手一台，因而有可能引起一场深刻的革命，这不仅是计算机领域的革命，而且是整个人类社会生活方式、工作方式的革命。他意识到这是千载难逢的机遇，便下定决心要紧紧把握住这个机遇。

比尔·盖茨的这个想法在当时是异乎寻常的，是与当时计算机界的主导思想背道而驰的。当时统治计算机王国的是 IBM 公司，他们的看法是微型的个人电脑不过是小玩意，只能玩玩游戏等简单应用，不能登大雅之堂，领导计算机发展的潮流只能靠大型机、巨型机。正是比尔·盖茨奇特的求异思维、逆向思维和敢于向传统、权威挑战的精神才导致他巨大的成功。他对自己说，必须抓住这个一生中最宝贵的机遇，他这样说了，也确实这样做了。他主动写信给 MITS 公司老板，要为他的个人电脑配置 BASIC 解释程序（他知道若没有便于用户掌握的计算机程序语言，个人电脑难以普及），在他的好友艾伦的帮助下，花了5个星期时间终于出色地完成了这一任务，为个人电脑的普及做出了巨大贡献。接着他从哈佛退学，并和艾伦（P. Allen）创办了自己的公司"Microsoft"，这就是现在闻名遐迩的"微软"。

（有删改）

第五章 想象和思维

【本章要点】

(1) 介绍了想象的概念、功能及分类。想象是对已有的表象进行加工改造，创造出新形象的过程。想象的功能包括补充功能、预见功能、替代功能。想象根据有无预定目的，分为无意想象和有意想象。有意想象根据想象的独特性、新颖性、创新性的不同，又分为再造想象、创造想象，幻想是创造想象的一种特殊形式。

(2) 深入探讨了再造想象和创造想象产生的条件。再造想象产生的条件有三个：丰富的表象储备；为再造想象提供的词语及实物标志要准确、鲜明、生动、形象；正确理解词语与实物标志的意义。创造想象产生的条件包括：创造动机、丰富的表象储备、积累必要的知识经验、原型启发、积极的思维活动、灵感的作用。

(3) 介绍了思维的概念及分类。思维是人脑对客观现实间接的、概括的认识，概括性和间接性是思维的基本特性。思维依据不同的分类标准，可以分为直观动作思维、具体形象思维、抽象逻辑思维；经验思维和理论思维；直觉思维和分析思维；常规思维和创造性思维；辐合思维和发散思维。其中发散思维从流畅性、变通性、独创性三个维度进行衡量。

(4) 介绍了思维的过程与思维的基本形式。思维的过程包括分析与综合、比较与分类、抽象与概括、具体化与系统化。思维的基本形式包括概念、判断和推理。

(5) 探讨了思维的品质及如何促进个体创造性思维的发展。思维的品质包括思维的独立性、广阔性、深刻性、批判性、敏捷性、灵活性。促进创造性思维的发展可以从以下几个方面入手：激发学生的好奇心和探索欲，增强创新意识；注重学生发散性思维的训练，培养思维灵活性；运用多元化学习评价方式，鼓励学生创造性行为；培养学生的创造个性。

【练习与思考】

一、单项选择题

1. 人们偶然看到天上的白云，会下意识地脱口而出，它像棉絮、小山等。这是（ ）。
   A. 有意想象   B. 无意想象   C. 幻想   D. 幻觉

2. 设计师设计城市规划蓝图的过程属于（ ）。
   A. 再造想象   B. 创造想象   C. 无意想象   D. 空想

3. 古人传说中的"千里眼""顺风耳"体现的是（ ）。
   A. 再造想象   B. 幻想   C. 记忆表象   D. 创造想象

4. 教师可以通过观察学生的言行举止来了解学生的内心世界。这说明思维具有（　　）。

A. 间接性　　　B. 概括性　　　C. 理解性　　　D. 整体性

5. 小孩子边搭积木边思考，这属于（　　）。

A. 直觉思维　　　　　　　　B. 直观动作思维

C. 具体形象思维　　　　　　D. 抽象逻辑思维

二、简答题

1. 思维的过程包括哪些？

2. 良好想象品质表现在哪些方面？

3. 结合实例，说一说怎么培养学生的创造性思维。

第六章 情绪和情感

【本章提要】

情绪、情感是人类心理活动的重要内容，也是人类三大心理过程之一，人们的日常生活与情绪、情感密切相关。例如，人们在生活中会有愉快、悲伤、郁闷等情绪体验和表现，同时人们也会产生与父母和兄弟姐妹之间的亲情，与朋友之间的友情，与恋人之间的爱情等情感。情绪、情感是我们对于自己及所处世界的强烈的态度体验。本章对情绪、情感的相关内容进行了概述，将使我们更加深入地认识、理解情绪和情感。

【学习目标】

- 掌握情绪、情感的定义及关系。
- 掌握情绪、情感的状态和分类。
- 了解情绪、情感的理论。

第一节 情绪和情感概述

一、情绪和情感的定义

每个人在生活中都体验过不同的情绪和情感，如愉快、郁闷、紧张等，情绪和情感离我们如此之近，但要说清楚情绪和情感是怎么回事，却不是一件容易的事情。

我们常常有情绪和情感上的体验，会发现情绪和情感是非常复杂的心理现象，它的发生和发展呈现一种多形态、多维度的心理过程。

情绪心理学家对情绪和情感的定义进行了研究，大多数研究者都认为情绪、情感是人对客观外界事物的态度的主观体验和相应的行为反应，它反映的是主体需要与客观外界事物间的关系。而需要是指人体组织系统中的一种缺乏、不平衡的状态。情绪、情感有积极和消极之分，当客观世界与人的需要相一致时，人们就对其产生积极肯定的情绪和情感，如愉快、喜悦和开心等；当客观世界与人的需要不相一致甚至截然相反时，人们就会对其产生消极否定的情绪和情感，如愤怒、郁闷、焦虑等。例如，在持续很长时间干旱的情况下，突然下雨了，地里的庄稼有了雨水的浇灌，能够生长得更好，农民便会产生"久旱逢甘霖"的喜悦情绪；而如果有一个人家里屋顶坏了，还没有修好，刚好又下了一晚上的雨，这个人就会产生"屋漏偏逢连夜雨"的郁闷情绪。同样是面对下雨的客观情况，第一种情况是客观世界与人的需要一致，便产生了积极的情绪；而第二种情况则是客观世界与人的需要不一致，便产生了消极的情绪。

二、情绪和情感的关系

情绪和情感是人的主观体验，是人在对事物的认识过程中相伴而生的感受。情绪和情感有着密切的关系，是属于同一类别但不同层次的心理体验。

（一）情绪和情感的区别

1. 情绪的情境性与情感的稳定性

情绪常发生在特定的时间、地点或者由特定的事件引起，随着这些情境的消失，情绪也可能消失。而情感几乎不会由于情境的转变而发生突然的变化，情绪具有情境性和短暂性的特点，情感具有稳定性和持久性的特点。例如，当一个孩子在超市想要买玩具，妈妈没有买给他，孩子可能因此号啕大哭，当妈妈经不住孩子的哭闹给孩子买了他想要的玩具，孩子可能马上破涕而笑，这就是情绪在不同情境下的瞬间切换，所以情绪具有情境性和短暂性的特征。但妈妈不会因为孩子调皮就不爱孩子了，妈妈对孩子的爱不会因为孩子调皮而消失，所以情感具有稳定性和持久性的特点。

2. 情绪的生理性与情感的社会性

情绪更多与生理性需要相关，是一种由生理性需要满足与否而引发的心理体验。例如，婴儿会因为得不到食物感到饥饿而伤心，因为妈妈下班回来而开心得咯咯笑。情感则更多与社会性需要相关，是一种由社会性需要满足与否而引发的心理体验。例如，爱国情感是伴随对自己祖国的爱而产生的一种社会性情感，人会因为没有朋友陪在自己身边而感觉到孤独。

3. 情绪的外显性与情感的内隐性

情绪通常通过表情来表达，因此，其具有明显的外部特征和冲动性的特点。例如，当人处于愤怒的状态时，常常面部通红、眼睛瞪圆、怒发冲冠，说明情绪的外部表现很明显。情感的表现则具有明显的内隐性的特点。例如，一个对祖国挚爱的人不会每时每刻都表露出爱祖国的外部行为，但爱国的情感对人的行为具有调节作用。

（二）情绪和情感的联系

1. 情绪是情感的基础，情感离不开情绪

情感是在情绪稳定的基础上建立和发展起来的，情感通过情绪的形式表达出来，离开具体的情绪过程，人的情感及其特点就不可能现实地存在。

2. 情绪依赖于情感，是情感的具体表现

情绪离不开情感，情绪的各种变化一般都受制于已有的情感。情感的深度决定着情绪表现的强度，情感的性质决定了在一定情境下情绪表现的形式。情绪发生过程中往往深含着情感因素。

三、情绪和情感的功能

（一）信号功能

情绪的信号功能主要是指在个体将自己的愿望、要求、观点、态度通过情感表达的方式传递给他人以影响他们，是人与人交往中的重要组成部分。例如，听到朋友叙述自己的不幸遭遇时，拥抱对方或表现出悲伤的情绪，传达自己对朋友遭遇的同情。一般地，信号功能是通过个体的表情来实现的，表情属于一种非言语性交际，有时比语言表达更能准确地传递个体想要释放的信号，因为人们在用言语表达时还常常会出现词不达意的情况。例如，上课时教师可以通过眼神或手势提醒注意力不集中的学生；人们走在路上遇到熟人，可以举手示意，作为打招呼的信号。

（二）组织功能

情绪的组织功能主要表现为在活动中协调、促进积极情绪，破坏、阻碍消极情绪。具体体现在个体行动中，当个体处在积极、乐观的情绪状态时，认知事物容易注意到事物美好积极的一面，其行为比较开放，愿意接纳外界的事物；当个体处于消极情绪状态时，认知事物容易注意到事物负性消极的一面，产生失望、悲观的情绪，放弃自己的努力，甚至对他人或自己产生攻击性行为。例如，参加演讲比赛时，如果个体镇定自若，在演讲比赛中可能会超常发挥；如果个体紧张过度，即使比赛前准备得再好，也有可能在比赛中出现失常现象。

（三）动机功能

情绪的动机功能主要表现为积极的情绪具有激励作用，使人趋向于该事物或活动；消极的情绪具有阻碍作用，使人回避该事物或活动。例如，当某活动能够给我们带来愉快和喜悦时，我们会更愿意从事该活动；当某活动可能给我们带来痛苦和焦虑时，我们就会尽量避免这类活动。例如，滑雪运动员谷爱凌能在滑雪运动中体会到愉快的情绪，即使再艰苦的训练她依然能坚持下来；学习不好的同学因为每次考试带来的挫败感，会更加回避或者害怕学习。同时情绪在动力特征上分为积极增力的情绪和消极减力的情绪。积极增力的情绪会提高人们的活动能力，而消极减力的情绪会降低人们活动的积极性。情绪的增力和减力作用不是固定不变的，有些情绪同时兼具增力和减力两种动力性质，这也和个体对活动和情绪的认知有关，如悲痛可以使人消沉，也可以使人化悲痛为力量。

（四）适应功能

情绪和情感的适应功能主要表现为情绪和情感是机体适应生存发展的重要方式。情绪是人类早期赖以生存的手段。例如，婴儿刚出生时会通过哭泣等方式来表达饥饿或不舒适的信号，以获得相应需求的满足。人类早期主要依赖情绪来传递信息，与成人进行交流，得到成人的抚养。成人也是通过婴儿的情绪反应，及时为婴儿提供各种生活条件。在动物世界中情绪同样具有适应功能。例如，动物遇到危险时会发出特定的呼救信号，以获得群体的帮助，这是大多数动物常见的求生手段。

四、情绪和情感的中枢机制

（一）丘脑

丘脑属于自主神经系统的皮质下中枢，是较早被发现的情绪中枢。美国心理学家凯仑（W. B. Cannon）针对詹姆士-兰格学说提出了情绪的丘脑学说。他根据丘脑受损伤或丘脑活动在失去大脑皮层的控制时，情绪变得容易激动或发生病理性变化这样一些事实，认为丘脑在情绪的发生上起着最重要的作用。凯仑的丘脑学说强调了大脑皮层对丘脑抑制的解除是情绪产生的机制。

（二）下丘脑

大量研究已经证实下丘脑在情绪形成中的重要作用。下丘脑后区是产生怒这种情绪的关键部位，如果下丘脑后区被损坏，被试者只能表现出"怒"情绪反应的片段，而不能表现完整的"怒"反应模式；如果下丘脑未被破坏，在它的上部的脑组织无论去掉多少，被试者都仍能表现协调的"怒"反应模式。

（三）网状结构和边缘系统

近年来研究者在关于情绪唤醒的相关研究中，一致认为情绪存在两个唤醒系统，这两个唤醒系统既相互抑制又相互关联。第一，网状结构发放系统，这个系统保持机体的唤醒并组织机体的反应，它所产生的唤醒是活跃情绪的必要条件，可以降低或提高脑的积极性，加强或抑制对刺激的回答反应，人的情绪反应及相应的行为反应很大程度上依赖于网状结构；第二，边缘系统，它能控制某些与诱因有关的刺激引起的反应。

（四）大脑皮层

大脑皮层在情绪和情感活动中起主导作用，是机体的最高调节器。情绪和情感的中枢虽然在皮层下各部位，但皮层下各部位与大脑皮层的调节关系密切。大脑皮层可以抑制皮下中枢的兴奋，直接控制情绪和情感，同时外部刺激也需要通过大脑皮层的评价和估量才能引起相应的情绪反应。

第二节 情绪的产生与表达

一、情绪的产生

众多研究者认为，情绪的产生应该同时会有三个方面的表现：主观体验、生理唤醒和外在行为（图6-1）。情绪的主观体验是个体对情绪的感受状态，是心理活动中带有色彩的知觉，我们通常把它称为"情绪感受"。由于个体需要与客观事物的关系不同，我们会产生不同的情绪体验，当客观事物与个体需要相一致时我们便产生愉快、惊喜、开心等积极的情绪体验，当客观事物与个体需要不相一致时我们便产生愤怒、焦虑、郁闷等消极的情绪体验。当我们产生情绪体验时，身体内部也会产生相应的生理变化。例如，当我们愤怒时会面红耳赤，当我们紧张时会手心冒汗，"面红耳赤""手心冒汗"都属于情绪的第二个基本成分，即生理唤醒。任何一种情绪的产生都会伴随着一定程度的生理唤醒。例如，当害怕时，我们会心跳加速、身体发抖、呼吸急促等；当紧张时，我们会血压上升、呼吸加快、皮肤出汗等。情绪的第三个成分是个体的外在行为，情绪的产生总是伴随着一系列的表情和身体姿态。例如，在高

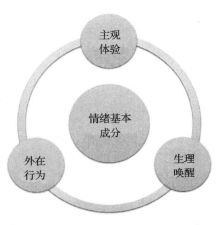

图6-1 情绪的基本成分

兴时个体常常会手舞足蹈，在焦虑时个体常常会面露愁容，等等。

以上情绪的三个部分——主观体验、生理唤醒和外在行为，在评定情绪体验时缺一不可，个体完整的情绪体验过程必须是三者同时活动，同时存在。如果只有其中一种或者两种成分，便不能称为一个真正的情绪过程。例如，当一个人在别人面前假装伤心时，她只会产生伤心的外在行为，不会产生真正的主观体验和生理唤醒，因而这不算是一个真正的情绪过程。这也增加了情绪研究的复杂性和难度。

二、情绪的表达

情绪是一种与个人需要相关的内心体验，我们很难对其进行直接的观察，我们常常需要通过表情来了解人类情绪，表情是情绪的外部表现形式，是一种独特的情绪语言，主要包括面部表情、姿态表情和言语表情。

（一）面部表情

面部表情（Facial Expression）是指通过眼部肌肉、颜面肌肉和口部肌肉的变化来表现各种情绪状态。在人际交往中，面部表情是一种十分重要的非语言交往手段，不同的情绪产生不同的面部表情。例如，笑时嘴角会上扬，惊奇时眼睛和嘴巴会张大。面部表情还呈现出跨文化的一致性，同一种面部表情在不同文化背景下的人们可能用来表达同样的情绪。心理学家发现了七种人类各种族都可以辨认出来的表情，它们包括快乐、惊讶、生气、厌恶、害怕、悲伤和轻视（图6-2）。心理学家发现成长在不同文化背景下的人们都能准确地辨别这七种表情，儿童和成人都具备辨认这七种表情的能力。

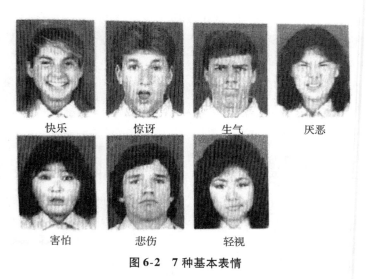

图6-2　7种基本表情

（二）姿态表情

姿态表情主要包含身体表情和手势表情两种。身体表情（Body Expresssion）是表达情绪的方式之一。人在不同的情绪状态下，身体姿态会发生不同的变化，如高兴时捧腹大笑，恐惧时紧缩双肩，紧张时坐立不安，等等。双手叉腰、跷二郎腿等身体姿势都表达了个体的不同情绪（图6-3）。

手势表情（Gesture Expresssion）是姿态表情的一种，也是一种常见的情绪表达方式。有时单独使用，有时也和语言一起使用。手势表情可以单独用来表达不同情绪。例如，"振臂高呼"表示激动或愤怒，"双手一摊"表示无可奈何或无所谓，"手舞足蹈"表示兴奋、高兴。手势表情与语言一起使用时可以让表达更加生动、准确。例如，在课堂上，老师讲课时一边用语言阐释，一边还会配合各种手势，使学生能更好地理解教师所要传达的意思。研究发现，手势表情是通过学习得来的，它不仅存在个别差异，而且存在民族或团体差异。同一种手势在不同的民族中用来表达的情绪也可能不同。

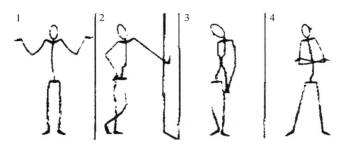

图6-3　姿态表情

（三）言语表情

言语表情（Speech Expression）是指通过言语方式表达情绪，是言语在声调、节奏和速度上的表现，高兴时一般来说人的语速很快、声调轻松，悲伤时人的语速缓慢、语调低沉。言语表情对他人具有很强的感染力，言语表情已经升华为人类的艺术表演形式，如演讲、朗诵等都是通过言语表情来表达艺术作品中作者要传达的情绪。

第三节 情绪和情感的分类

一、情绪的分类

情绪和情感是在认知的基础上产生的内在深刻体验,相比其他的心理现象,对情绪和情感进行准确分类就显得尤为困难。目前心理学领域比较认可的情绪和情感的分类有如下几类。

（一）心境

心境是指一种深入的、比较微弱而持久的影响人的整个精神活动的情绪状态。心境最大的特点之一是具有弥散性。心境没有特定的对象,而是由一定情境唤醒后在一段时间里影响个体对其他所有事物的态度的情绪体验。处于悲伤心境中的个体,看待所有的事物都是悲伤的。

不同心境的持续性不同,有些心境持续几天,有些心境持续几周甚至几个月。心境持续时间的长短主要取决于两个因素：刺激物性质和个性特征。如果引起情绪的刺激物对个体来说意义重大,如高考落榜,则会使人在很长一段时间内陷入悲伤的心境；如果引起情绪的刺激物对个体无足轻重,如只是没有买到自己心仪的衣服,则这种无奈的心境可能只会持续一会儿。人的个性特征也会影响心境,一般来说,性格开朗的人较少受到消极情绪的影响,出现消极心境的情况很少甚至没有；性格内向的人受不良心境影响的持续时间可能长些。

心境在个体身上通常以"心情"的形式体现。例如,人们在愉快的心情下,对事物产生欢快的情绪体验,甚至会认为连花草树木都在向自己"微笑""点头"；而人们在不良的情绪下,往往以不良情绪看待事物,做事时容易往不好的方面去考虑。正如"忧者见之则忧,喜者见之而喜",这就是一种典型的心境。

心境对人的生活和身体健康产生重大的影响,不同的心境对个体的影响不同。积极乐观的心境使人自信且意志坚定,能促进人的主观能动性的发挥,提高活动效率；消极悲观的心境使人自卑、意志消沉,阻碍人的主观能动性的发挥,降低活动效率。因此,学会调节和控制心境对个体的成长和发展都十分重要。

（二）激情

激情是一种短暂且强烈,爆发性极强的情绪状态。例如,个体成功后的狂喜,失败后的沮丧和绝望,至亲突然逝世后的极度悲伤,等等,这些都是激情状态。因此，激情常常是由于生活中对个体具有重大意义的事件引起的。

激情作为一种情绪状态，爆发时常常伴随着生理变化和外在行为，个体在极度愤怒时会面红耳赤、咬牙切齿，在极度悲伤时会哭泣呼号，在极度兴奋时会手舞足蹈，等等。同时在激情状态下，人会出现"意识狭窄"现象，主要体现在认识活动范围缩小，控制力减弱，对自己行为的后果不能做出适当评估。例如，人在激情状态下常常失去理智，做出伤害自己和他人，甚至违反法律的事情。当然，激情对个体的影响也存在积极的一面，有些激情状态能推动个体的活动，成为其强而有力的推动力。例如，在演讲比赛中，适度兴奋的激情状态能促进个体较好地完成演讲比赛。

（三）应激

应激是指在出乎意料的紧张与危急状况下出现的情绪状态，是人对环境中意外的状况出现的适应性反应。例如，在紧急状态下（发生地震、山洪、火灾等），人们会迅速做出判断和相应的行为反应。

应激状态下，个体活动与平常有很大不同。人在应激状态下的表现如下：（1）应激引起的身心紧张有利于个体解决问题。个体身心处于高度的警觉状态，有助于个体认知功能的发挥，做出平时不敢做的大胆判断和行为。例如，高速行驶中的公交司机在被意外穿过挡风玻璃的碎片砸中后，依然拼尽全力把公交车制停。（2）应激所造成的身心紧张不利于个体解决问题，主要是由于惊恐会导致人们的感知和注意产生局限性，阻碍个体认知功能的发挥，出现思维迟滞、行动刻板等现象。（3）应激还会引起人的机体产生一系列的生理反应，如肌肉紧张、血压升高、心率提高、呼吸急促等。（4）应激能引起"一般适应综合征"，长期处于应激状态下会引起人体防御机制能力衰退，降低个体抵抗力，从而导致某些适应性疾病的出现。

二、情感的分类

与情绪不同，情感是与个体的社会性需要相联系的内心体验，是人类特有的心理现象，具有社会性、历史性的特点，心理学研究者一般把人类高级情感分为道德感、理智感和美感。

（一）道德感

道德感是用一定的道德标准去评价自己或他人的思想和言行时产生的情感体验。例如，爱国主义情感，对社会现象的正义感，对国家的荣誉感，等等。当自己或他人的思想和行为符合社会道德规范的要求时，个体会产生积极的情感体验，如骄傲、幸福、自豪等；当自己或他人的思想和行为不符合社会道德规范的要求时，则产生消极的情感体验，如内疚、痛苦、厌恶等。

对社会道德规范的认识是产生道德感的基础，若缺乏对相应道德规范的认识，个体就无法产生道德感。道德规范是在一定社会历史条件下形成的，具有社会性、历史性和阶级性的特点，不同时代和不同社会文化背景下的人具有不同的道德评价标准。

（二）理智感

理智感是指个体在智力活动中对客观事物进行认识和评价时产生的情感体验。例如，人们在发明创造时所产生的兴奋感，了解和认识未知事物时的好奇心，在处理问题时体验到的困惑和焦虑，在解决问题后产生的喜悦和快慰，等等，都是理智感的具体体现。

理智感对人们的认知活动有积极的推动作用，是认识活动的内在动力。例如，好奇心是探求真理的内生动力，解决问题后的喜悦会进一步激发个体的求知欲，促进个体的探索精神。

（三）美感

美感是用一定的审美标准来评价事物时所产生的情感体验。美感包括自然美感、社会美感和艺术美感三类。例如，对祖国大好河山的欣赏，对人类朴实和善良的待人方式的赞美，对艺术作品的喜爱。个体根据自己的审美标准产生美感时的体验具有两个特点：一是愉悦性；二是倾向性。

美感作为高级情感的一种，是在一定社会历史条件下产生的，具有社会性、历史性和阶级性。社会文化环境、风俗习惯、文化背景，甚至生存环境中的气候条件等的不同均会导致个体体验美感的差异。例如，唐朝以胖为美，现代以瘦为美。同时人类的美感也在不断地发生着变化，从物质的、外表的审美需要发展到精神的、内在的审美需要，美感的内容也越来越丰富。

情绪和情感具体分类见表6-1。

表6-1 情绪和情感的分类

情绪		情感	
心境	心境是指一种深入的、比较微弱而持久的影响人的整个精神活动的情绪状态。如"感时花溅泪，恨别鸟惊心"	道德感	道德感是用一定的道德标准去评价自己或他人的思想和言行时产生的情感体验。如爱国感、正义感
激情	激情是一种短暂且强烈，爆发性极强的情绪状态。如成功后的狂喜，失败后的绝望	理智感	理智感是指个体在智力活动中对客观事物进行认识和评价时产生的情感体验。如发明创造时的兴奋感
应激	应激是指在出乎意料的紧张与危急状况下出现的情绪状态。如开车时的意外刹车	美感	美感是用一定的审美标准来评价事物时所产生的情感体验。如祖国大好河山的壮美

第四节 情绪理论

一、詹姆斯-兰格的情绪外周理论

1884年，美国心理学家詹姆斯（W. James）和丹麦生理学家兰格（C. Lange）几乎在同时提出了观点类似的情绪理论，他们认为情绪的产生与自主神经系统的活动有关。他们的理论被统称为詹姆斯-兰格情绪理论。根据该情绪理论，人身体外周活动的变化导致了人们的情绪产生。例如，"我们害怕是因为我们逃跑""我们发怒是因为我们攻击""我们紧张是因为手心出汗"。情绪反应过程中个体对环境中本能性的反应，如战争中因生命受到威胁而颤抖，大脑就会把这种感受到的威胁和机体的颤抖反应反馈到大脑，大脑就会做出相应的反应，个体的情绪体验就这样产生了。

詹姆斯-兰格理论认为情绪是由行为反应引起的，微笑会使人觉得快乐，皱眉会使人觉得忧愁。心理学很多的实证研究已经证实人的行为或面部反馈确实会对情绪产生影响。

二、坎农-巴德理论

美国生理心理学家坎农（W. B. Cannon）在1927年对詹姆斯-兰格的情绪外周理论提出疑问，其观点主要包括以下几个方面：① 与情绪相连接的身体改变发生得太快，而机体反应变化相对迟缓。② 有些药物引起的生理变化只能激活一定的生理状态，无法引起情绪反应。③ 不同情绪状态下机体的生理变化比较小，很难通过生理变化来区分复杂多样的情绪。他指出，运动会引起心跳与呼吸加快等生理反应，但这样的生理反应并不伴随害怕的情绪体验。

坎农和他的学生巴德（W. B. Bard）认为，情绪产生的根源在中枢神经系统的丘脑，他们的理论被称为坎农-巴德理论。坎农-巴德理论的基本观点是：当外界刺激引起感官产生神经冲动，感受器的神经冲动经过丘脑加工的同时向大脑皮层和机体的其他部位输送，传送到大脑皮层的信息产生情绪体验，传送到内脏、骨骼肌等机体部分产生生理反应，因此，身体的改变和情绪体验是同时发生的。这是坎农-巴德理论的基本假设。

三、认知理论

1. 阿诺德和拉扎勒斯的认知-评价理论

阿诺德（M. R. Arnold）在20世纪50年代提出了著名的认知-评价理论，拉扎勒斯（R. Lazarus）发展了阿诺德的认知-评价理论，将评价扩展为评价、再评价的过程。他们的理论被统称为阿诺德和拉扎勒斯的认知-评价理论。

阿诺德和拉扎勒斯的认知-评价理论主要观点包括：

① 刺激情境必须通过认知评价才能引起一定的情绪。同样的刺激情境由于个体对它的认知和评价不同，个体会产生不同的情绪反应。而在认知评价过程中起关键作用的是个体对以往经验的记忆存储和通过表象达到的激活。例如，一个曾经被狗咬过，对狗产生恐惧的人，在面对关在笼子里的狗时，可能并不会产生恐惧的情绪，因为个体明白关在笼子里的狗与行走在路边的狗是不同的，笼子里的狗因为行为受限并不能对自己产生伤害，因此个体不会产生恐惧情绪。

② 大脑皮质对情绪的产生具有重要的评价作用，情绪的产生是由于外界刺激作用于感受器时产生的神经冲动经神经传至丘脑，再到大脑皮质，由大脑皮质产生对情绪刺激与情境的评价，形成相应的情绪。

③ 评价过程由筛选信息、评价、应付冲动、交替活动、身体反应的反馈及对活动后果的知觉等环节组成。情绪的产生是生理、行为和认知三种成分的综合反应。

2. 沙赫特-辛格的三因素论

20世纪60年代，美国心理学家沙赫特（S. Schachter）和辛格（J. Singer）提出了情绪认知的三因素论。该理论的基本观点是：情绪是认知过程、生理状态和环境因素共同作用的结果，认知的参与及其认知对环境和生理唤醒的评价是情绪产生的机制。同时他们从神经生理基础的角度来理解情绪状态的产生，认为各种情绪状态是交感神经系统以一定形式的普遍唤醒。人们通过环境的暗示和自己对刺激信息的认知加工对这些状态进行一定的解释和归类。

沙赫特和辛格精心设计了证明环境事件、生理状态和认知过程在情绪产生过程中的作用的实验，将大学生被试者分为三组，各组都自愿接受同一种药物注射（肾上腺素，但被试者不知），注射时，主试者向三组被试者解释的药物效应各不相同。通过实验，发现情绪实际上是认知过程、生理状态和环境因素共同作用的结果。大脑皮质将外界环境信息、内部生理变化信息及个体的经验和对情境的认知信息整合起来，从而形成丰富复杂的情绪状态。

3. 伊扎德的动机-分化理论

美国著名情绪心理学家伊扎德（C. E. Izard）从20世纪60年代开始研究情绪，20世纪70年代初形成了自己的情绪理论，他的动机-分化理论认为情绪是人格系统的核心动力。情绪特征来源于个体的生理结构，遗传是某种情绪的阈限特征和强度水平的决定因素。认知是情绪产生的重要因素，但认知不等同于情绪，也不是其产生的唯一原因，只是参与情绪激活与调节的过程。

伊扎德以整个人格结构为基础研究情绪的性质和功能，得到以下一些观点：① 情绪的进化和分化与脑的进化和分化是平行的、同步的，情绪是新皮质进化和发展的产物。② 情绪是人格系统中的成分之一，情绪是人格系统的动力核心，组织并驱使行为，给认知和动作提供活动线索。③ 情绪包括情绪体验、脑和神经系统的相应活动及面部表情三个方面，三者相互作用和联结，并与人格其他系统建立联系，实现情绪与其他系统的相互作用。

在重视认知因素对情绪作用的同时，伊扎德将情绪的适应价值置于十分重要的地位，认为情绪是基本动机，不是其他心理活动的伴随现象，而是具有独特作用的心理活动，强调情绪对人格整合的动机功能。这为情绪心理学研究打开了新的视角。

生成论的情绪学说

在心理学发展史上，情绪理论一直沉沦于身体感受论与认知论的争吵中。以詹姆斯-兰格的情绪外周理论为代表的身体感受理论强调了生理激活、行为反应等身体事件对情绪的塑造，却忽视了情绪的意向性。认知理论站在相反的立场上，强调理性评估的作用，主张情绪的形成乃认知判断的结果，身体反应仅仅是认知过程的伴随物或副产品，忽略了情绪的体验特征。具身认知兴起以后，身体对认知的塑造作用开始得到强调，但是具身认知似乎更关注"认知"。在具身认知的框架下，认知过程似乎就是"冷冰冰的"理性过程，缺乏情感的"温暖"。生成论则在强调身体塑造作用的基础上，以"意义建构"统摄认知和情感，把认知和情感统一在机体追寻意义的身体活动中，从而为情绪研究开辟了一个新视角，并为重新认知意识的本质提供了一个新思路。

生成论，特别是自创生的生成论在方法论方面也面临着"内在主义"（Internalism）和"唯心论"（Idealism）的指控。批评者指出，"自治"和"意义建构"都源于一种生物学概念。生成论把理论重心放在生物自治的个体身上，强调机体的自我生产、自创生，建构一个属于自身的意义世界。无论是在认知方面，还是在情绪方面，这都是一个孤独机体适应环境的活动。在这个意义上，它忽略了心智的环境根植性。此外，自创生成论强调"生成"，认为机体的世界不是一种客观存在，而是自治的机体通过意义建构"生成的"，或者是机体的活动所"导致的"。这在某种意义上否认了客观世界的存在，因而是一种唯心主义观点。但是，从前述关于情绪的阐述中，我们可以看出，生成论在强调带有个体色彩的自治和意义建构的同时，并没有把情绪和认知等心理过程完全放在机体的内部。正如加拉格尔（Gallagher，2019）指出的那样："自治概念最好看作是关系性的，而不是视为人性中预先给定的特征。"生成论反复强调，情绪体验并非一种发生在大脑头颅中的内部心理事件。相反，情绪和情感超越了个体的生物疆界（皮肤），横跨了大脑、身体和环境。情绪体验是互动的产物，产生于机体作用于环境的活动之中。因此，"生成论并非内在主义的，从生成论观点来看，有许多事例都表明，外在于机体的一些过程应该被视为心理过程的载体。因此，我们可以说，生成的心智同样是'延展的'……这不仅表现在认知方面，而且表现在情感方面……这挑战了情感的传统内在主义观点"。

生成论对情感体验的探讨是否代表了心理学发展史上的"第四次革命"？在认知革命的框架下，人类意识生活似乎就是认识。知觉、记忆和思维等认知过程成为心理生活的全部。即使是20世纪80年代后兴起的具身认知似乎也更关心"认知"，所探讨的主要是身体对认知的塑造。情绪和情感在心智生活中的作用并没有得到应有的重视。这种状况最终导致了所谓的"情感革命"（Affective Revolution）。许多心理学家开始关注情绪的作用，掀起了情绪研究的热潮。这是心理学的"范式"转换，可视为心理学的又一次"革命"。但是情感革命是在认知框架下进行的，情绪的认知理论占据了主流。这一理论把情绪和认知割裂开来，关注情绪的认知加工机制，忽视情绪的主观体验。生成论则以现象学为武器，从第一人称的体验出发，把情绪的科学研究与人类真实生活经验结合了起来，实现了情绪研究的又一次"范式转换"。这是否是心理学的又一次"革命"呢？

（有删改）

【本章要点】

本章从四个方面对情绪和情感做了总体性介绍，分别是：

（1）阐述了情绪和情感的概念，情绪和情感的联系及区别，情绪和情感的功能，情绪和情感的中枢机制；比较全面地对情绪和情感这一重要心理现象进行介绍。

（2）介绍了情绪的产生和表达。情绪的产生包含三个主要成分：主观体验、生理唤醒和外在行为，在评定情绪体验时三者缺一不可，个体完整的情绪体验过程必须是三者同时活动，同时存在。表情是情绪的外部表现形式，是一种独特的情绪语言，主要包括面部表情、姿态表情和言语表情。

（3）介绍了情绪和情感的分类。情绪和情感是在认知的基础上产生的内在深刻体验，情绪分为心境、激情、应激，情感分为道德感、理智感、美感。

（4）介绍了情绪和情感的理论，包括詹姆斯-兰格的情绪外周理论、坎农-巴德

第六章 情绪和情感

理论、阿诺德和拉扎勒斯的认知-评价理论、沙赫特-辛格的三因素论、伊扎德的动机-分化理论。

【练习与思考】

一、单项选择题

1. 情绪和情感是以（　　）作为中介的反映。
   A. 需要　　　　　　　　B. 动机
   C. 态度　　　　　　　　D. 兴趣

2. "先天下之忧而忧，后天下之乐而乐"反映了人的（　　）。
   A. 道德感　　　　　　　B. 美感
   C. 理智感　　　　　　　D. 成就感

3. 情感主要是指和（　　）相联系的态度体验。
   A. 生理需要　　　　　　B. 交往性需要
   C. 成就需要　　　　　　D. 社会性需要

4. "暴跳如雷、欢喜若狂"反映的情绪状态是（　　）。
   A. 心境　　　　　　　　B. 激情
   C. 应激　　　　　　　　D. 兴奋

5. 当人处于应激状态下时会出现肌肉紧张、血压升高等反应，这是情绪的（　　）表现。
   A. 主观体验　　　　　　B. 外部表现
   C. 生理唤醒　　　　　　D. 行为反应

二、简答题

1. 情绪和情感的区别与联系有哪些？
2. 情绪状态的分类有哪些？
3. 情绪和情感的功能有哪些？

第七章 意志

【本章提要】

心理现象包含心理过程和个性心理，其中意志过程与认知过程、情感过程合称为"知""情""意"三大心理过程。而人的意志过程最能体现人的心理主观能动性，意志对个体心理及行为有着非常重要的影响，意志行动无论是对个体还是对社会的发展来说都是必不可少的。本章首先讨论意志、意志功能及其与认知情感过程的关系，然后介绍意志行动的过程及意志品质的培养。

【学习目标】

- 掌握意志的概念。
- 掌握意志冲突的四种类型。
- 掌握意志的品质。

第一节 意志概述

一、意志的定义

意志是人自觉地确定目的，并根据目的支配和调节行动，克服困难，实现目的的心理过程。意志是人类特有的心理现象，它是人的主观能动性的集中表现。例如，学生为了获取知识、发展能力而克服困难、刻苦学习；教师为提高自己的教学能力

第七章 意 志

而认真钻研教材，研究新的教学方法；等等。以上这些都是人的意志行为，人在这些活动中所进行的是有确定目标的行为，并且人可以按照行为的目的去调节支配自己的行动，在行动中遇到困难也可以持续地克服，使预定的目的得以实现。只有人才可以按照自己的意志去改造客观世界。恩格斯说："一切动物的一切有计划的行动，都不能在自然界上打下它们意志的印记，这一点只有人才能做到。"

二、意志行动

意志行动是一种受意志支配的行动，意志与意志行动关系密切，主要表现在以下几个方面：① 意志是在头脑内部进行的心理过程，而意志行动是外露的行为；② 意志调节和支配意志行动，意志行动必须包含意志因素，没有意志就没有意志行动；③ 意志必须通过意志行动表现出来，没有意志行动，也就不存在意志。意志行动具有以下一些特征表现。

（一）目的明确

目的性是意志行动的主要特征，任何意志行动都有明确的行为目标。离开了自觉的目的，就没有意志可言，这也是人的意志行动与动物活动的根本区别。人在进行意志行动之前，行动的结果就已经作为行动的目的以观念的形式明确下来，并且以此来指引自己的意志行动，使之达到预期的目的。

（二）克服困难

克服困难是意志行动的核心特征，在意志的概念中已经提到意志是与困难相联系的，而作为由意志支配的行动自然也与克服困难密切相关。在实际生活中，并不是人所有有目的的行动都是意志行动。例如，从家里走路去超市买菜、去快递站投递快件等行为都是有明确目的的，但这些行为过程中都没有出现克服困难的过程，因此这些行为都不是意志行动。困难包括内部困难与外部困难：内部困难是指干扰目的的确立与实现的内在条件，如情绪的冲动、能力的缺乏、知识经验的不足等都属于内部困难；外部困难是指阻碍目的的确立与实现的外在条件，如恶劣的环境、工作设备缺乏、他人的讽刺打击等都属于外部困难。意志行动中可能同时出现内部困难和外部困难，呈现"内忧外患"的情况，在此行动中实现预定的目的才能称为意志行动。

（三）随意动作

人的动作分为不随意动作和随意动作两种，不随意动作是指不受意识支配的动作，如咬手指、摸头等习惯性动作，这些动作发生之前没有确定任何目的，也不以人的意志为转移。随意动作是由人的意识支配的动作，如吃饭、打球、上课记笔记等有意识的动作，这些动作有明确目的，也受意识的调节。随意动作是意志行动的必要组成部分，如果没有掌握必要的随意动作，意志行动的目的就无法实现。

（四）符合客观规律

意志行动是一种受意识支配的行动，行动随着意识的调节以实现预定的目的，但并不是所有受意识调节的意志行动都能如期实现预定的目的，只有当意志行动的目的及行为符合客观规律时，意志行动才可能成功。例如，人们探索太空的意志行动只有符合客观规律，才可能达到目的。

三、意志与认知、情感、个性

意志过程与认知过程、情感过程同属于心理过程，它们之间关系密切。而个性反映人与人之间的心理差异，与意志的关系也十分密切。

（一）意志与认知

首先，认知是意志的基础，意志以认知过程为前提，离开认知过程，意志便不可能产生。自觉的目的性是意志行动的一个重要特征，而任何目标的制定都建立在对活动分析和认识的基础上。在意志行动时选择行动的方法、策略，也必须运用已有的知识经验，分析主客观条件，拟订行动方案，这一切都必须通过感知、记忆、思维和想象等认知过程才能实现。其次，意志反作用于认知，没有意志行动，就不可能有效地进行认知活动。人在进行各种认知活动时，总会遇到一定的困难，要克服这些困难，就需要做出意志努力。例如，课堂上学生的学习就是一种典型的认知活动，而在活动中学生经常会遇到一些困难，这时候就需要意志的参与，才能使学习活动顺利开展。

（二）意志与情感

首先，情感影响意志，积极的情感成为意志行动的动力，消极的情感成为意志行动的阻力。例如，学生喜欢自己所学的内容时，会表现出极大的热情并能克服学习中遇到的各种困难，取得优异成绩。当学生产生厌恶学习的情绪时，一旦在学习中遇到困难，容易采取漠不关心的态度，这会阻碍意志行动的执行，动摇或削弱人的意志。其次，意志调节情绪，使人服从理性。意志坚强者可以克服和消除各种消极情感的干扰，使情感服从于理智，减少消极情绪对个体意志行动的影响；意志薄弱者更可能受到消极情感的影响，被情绪牵着鼻子走，使意志行动半途而废。

（三）意志与个性倾向性

首先，个性倾向性包括动机、需要、兴趣、理想、信念和价值观等，这些都会制约着人的意志表现。对学习活动有浓厚的兴趣和爱好，个体就会集中精力，千方百计地克服学习过程中的困难和障碍，达到预定的目的。相反，如果对学习活动不感兴趣，个体通常在遇到困难时会马上选择放弃，即使勉强做了，也会视为负担，遇到挫折便会动摇退缩，使活动半途而废。其次，意志也会影响一个人的个性形成。如果一个人意志坚定，即使对某项活动没有兴趣和爱好，也会调节自己的意志去克服各种困难、完成任务，同时，在意志行动中，可能也会逐渐培养起对活动的兴趣和爱好。因此，意志与个性倾向性的关系是十分密切的。

第二节　意志行动的过程

意志行动是一个持续的行为过程，有其发生、发展和完善的过程。意志行动过程可以分为两个阶段：采取决定阶段和执行决定阶段。采取决定阶段是意志行动的准备阶段，它决定着行动的方向，包括动机斗争和确定行动目的等环节；执行决定阶段是意志行动的完成阶段，它使意志行动目标得以实现，主要包括行动方法和策略的选择、克服困难等环节。其中，执行决定阶段是意志行动的中心环节。

一、采取决定阶段

采取决定阶段一般包含动机斗争、确定目的等环节。

（一）动机斗争

人的意志行动是由一定的动机引起的，动机是在需要的基础上产生的。由于人的需要多种多样并且不断发展，所以在同一时间内往往存在多种动机，但往往只能选择其中一种动机作为意志行动的目标，因此个体经常在内部形成动机斗争。

1. 根据动机斗争的形式分类

（1）双趋式动机斗争

双趋式动机斗争是指一个人必须对同时出现的两个同等吸引力的目标进行选择，却只能选择其中之一时所产生的动机冲突。双趋式动机斗争在现实生活中非常普遍。例如，去食堂既想吃火锅又想吃烤鱼，但只能选择其中一种；"鱼，我所欲也；熊掌，亦我所欲也，二者不可得兼"就是一种典型的双趋式动机斗争。

（2）双避式动机斗争

双避式动机斗争是指一个人同时遇到两个都想回避的威胁性目标，但必须选择其中之一时所产生的动机冲突。例如，学生既不想起得很早去上早读课，又很怕受到老师的批评；"前怕狼后怕虎"也是一种典型的双避式动机斗争。

（3）趋避式动机斗争

趋避式动机斗争是指个体对同一目标既想接近又想回避的心理引起的动机冲突。

例如，小丽牙疼了很久，很想去看牙，但是又害怕治疗牙齿的时候非常痛，这是一种典型的趋避式动机斗争。

（4）多重趋避式动机斗争

多重趋避式动机斗争是指由于面对两个或者多个既对个体有吸引力又遭到个体排斥的目标或情境而引起的心理冲突。多重趋避式动机斗争通常发生在较为复杂的情境中，个体面临多重矛盾。个体如果面对的两种情境或事物的吸引力和排斥力差别不是很大的时候，这种动机冲突会更加激烈，选择起来会更加困难。

动机斗争类型如表7-1所示。

表7-1 动机斗争类型

类型	含义	例子
双趋式	一个人必须对同时出现的两个同等吸引力的目标进行选择，却只能选择其中之一时所产生的动机冲突	鱼和熊掌不可兼得
双避式	一个人同时遇到两个都想回避的威胁性目标，但必须选择其中之一时所产生的动机冲突	前有断崖，后有追兵
趋避式	个体对同一目标既想接近又想回避的心理引起的动机冲突	食之无味，弃之可惜
多重趋避式	由于面对两个或者多个既对个体有吸引力又遭到个体排斥的目标或情境而引起的心理冲突	有两所学校可供选择

2. 根据动机斗争的内容分类

（1）非原则性动机斗争

非原则性动机斗争是指与社会道德关系不大，仅与个人的兴趣、爱好有关的动机斗争。例如，周末去打球还是去逛街。这样的动机斗争，一般说来斗争不强烈，因此，持续时间也不长。

（2）原则性动机斗争

原则性动机斗争是指与社会道德准则相关的动机斗争，这类斗争涉及个人和集体、公与私之间的矛盾。例如，师范专业的学生毕业时，是考虑国家教育的需要，到最需要的偏远城市去，还是从个人利益出发，到条件优越的大城市去。这样的动机斗争往往引起激烈的内心冲突，因此，持续时间也很长。

（二）确定目的

目的是指意志行动所要达到的目标或结果，这在意志行动中很重要。每一个人的意志行动首先以他最终要达到的目的为前提，目的越明确、越深刻，人的行动越自觉，也就越容易制订出可行的计划，意志行动也就越能顺利进行；相反，目的越含糊，行动过程越容易患得患失、斤斤计较，意志行动越就容易失败。

在意志行动过程中，一个人通常有许多目的。这时需要根据自己的兴趣爱好、价值观及自己所具备的条件进行权衡和比较,从而确定自己认为合适的、最需要的目的。如果每一种目的都很吸引人,或者都很重要,在这种情况下,要选择并确定目的就比较困难。不同的目的越是有同等重要性,人对于两种目的所抱的态度越接近,这种困难就越大。面对这样的情况,个体就应该进行合理的抉择,可以先选择主要的、近期的目的,后选择次要的、远期的目的。

（三）选择方法和制订计划

目的确立之后,必须考虑如何实现这个目的,即选择行动的方法和制订行动的计划。行动方法的选择和行动计划的制订是行动目的顺利实现的重要保证。适合的行动方法和计划,可以使人在意志行动中事半功倍;不好的行动方法和计划,则会使人在意志行动中事倍功半,甚至直接导致意志行动的失败。意志行动方法和计划的确定需要满足两个条件:① 实现预定目的的行为设计是合理的;② 选择的方法符合客观规律和社会准则。

行动方法主要包括两种情况:① 在较熟悉的行动中,只要提出行动目的,便立刻找到实现这种目的的方法或策略,而且对所采用的方法或策略也不会产生任何怀疑,也即存在常规的方法实现意志行动。② 在陌生的行动中,达到同一个目的的方法可能不止一种。有时某种方法符合自己愿望,却违背社会准则或道德;而另一种方法遵守社会准则或道德,却又违背了自己的愿望。在这种情境下个体需要分析、比较各种方法的有效性和合理性,进行周密思考,权衡利弊后进行选择。由此可以看出,行动方法的选择会受一个人的道德观念和品德修养的制约。道德高尚的人,会采取正当的、符合社会道德准则的方法或策略;道德低劣的人,则可能采取不正当的、违背社会道德准则的方法或策略。

二、执行决定阶段

执行决定是意志行动的关键环节。执行决定阶段是指个体根据前期所做出的决定,实际去完成意志行动的阶段。意志行动只有经过执行决定阶段,才能达到预定的目的。执行决定存在两种情况:① 在行动的目的和方法已经确定,实现意志行动的主、客观条件也都已具备时,就要不失时机地立即执行,实现意志行动的目标。② 行动的目标是长期的任务或是未来行动的纲领,因此,并不需要立即付诸行动,等待条件、时机成熟再执行决定。

在执行决定过程中,意志对行动的调节表现在两个方面,采取积极的行动达到目的和制止不利于达到目的的因素,这两个方面的活动在意志行动中缺一不可。例如,学生在课堂上,一方面,要利用意志调动自己的心理资源,在课堂上注意听、认真记、仔细看,使注意力集中到课堂上;另一方面,学生还需要控制自己不要受

教室外的谈话声、鸟叫声等无关因素的干扰,只有做到以上两点,才能有效保证自己的学习效果。

(一)克服困难,执行决定

执行决定阶段必然会遇到很多困难。在执行决定的过程中,对待困难的态度,往往体现了一个人意志品质的个性特征。例如,欠发达地区学习条件差、优质师资缺乏的困难;大城市消费水平高、买房困难;等等。这些都是学习和生活上可能存在的诸多困难,在这些情况下,个体就必须有面对困难的勇气和智慧,进行分析,判断困难的性质,确定克服困难的方法和策略,从而实现所做出的决定。要克服困难,需要坚定的信念和意志,并确立正确的行动目标,对意志行动的实现有着美好的憧憬,只有具备以上的心理条件,才有可能比较顺利地克服困难。

(二)遭遇挫折,积极应对

人们在执行决定的过程中,困难、逆境和失败等都可能会引发挫败情绪和消极心理,这时就需要我们能够妥善地处理,积极地面对,使挫折对意志行动的影响最小化。有人在意志行动过程中遇到挫折后会变得更为消沉,产生很强的负面情绪反应,形成心理压力,甚至就此放弃意志行动。因此,在遭受挫折后,一定要积极应对,化挫折为动力,继续执行意志行动计划。主要的做法包括以下几点。

1. 认识挫折的重要性

适度的挫折对人生具有积极的意义,它能使人奋进。当个体遭遇挫折时如果能够把这种"不幸"作为积累经验的好时机,那么就能够在"不幸"中不断提升自己,避免下次犯同样的错误。如果再次遭遇挫折时,就能真正理解,挫折是自己在实现意志行动中的一份"收获",是"不幸中的万幸"。

2. 提升挫折的忍受力

在平时的生活中,要努力锻炼自己面对挫折的忍受力,冷静分析挫折产生的原因,正确面对挫折,主动提升克服挫折的能力。

3. 进行自我调节

遭遇挫折后,合理、及时地宣泄负面情绪,正确地转移、缓解压力,恢复自信与自强,把失败变成前进的动力,是十分重要的。

(三)调整计划,实现目标

要实现意志行动的目标,除了要克服所遇到的困难、积极面对挫折外,还需要及时改变原来的目标,修正原来的计划,根据新的决定采取行动。例如,小明原来在班级的排名是第二十名,这学期她自己设定的目标是全班第一名,在几次月考屡遭打击后,她意识到自己设定的目标太高,学习计划也存在一些问题,她决定把目标设定为全班前十名,也对学习计划进行了调整。由此我们发现,要实现意志行动目标不仅表现在善于坚决执行之前的决定，也表现在善于果断地调整原来不符合客观情况的决定，采取新的决定，或者当机立断，调整计划，继续前进。

概括起来，意志行动的过程见图 7-1。

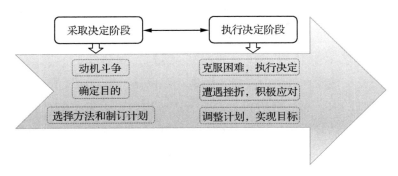

图 7-1 意志行动的过程

在实践中，采取决定阶段和执行决定阶段常常是彼此联系和反复交织着的。在采取决定阶段中，就有局部的执行决定，如确立行动目标时有时候就已经在执行决定；执行决定阶段中也有某些采取决定的意志心理活动，如在调整计划时有时也需要修改原计划中不合理的目标。

第三节 意志品质及其培养

一、意志品质

意志品质是指一个人在生活中形成的比较稳定的意志特征，是评价一个人意志水平的重要指标，主要包括自觉性、坚韧性、果断性和自制力。有的人在意志行动中能独立地采取决定，而有的人则易受暗示；有的人在行动过程中干脆利落，有的人则优柔寡断；等等，这些都是个体在意志品质方面的差异。意志品质在人的意志行动中贯彻始终，对个体行为有着重要的影响。

（一）自觉性

自觉性是指个体能深刻地认识到行动的目的和积极意义，并自愿地支配自己的行动，使之符合目的的意志品质。自觉性比较强的人能够按照自然界和社会发展规律提出自己的行动目的，并对自己行为的目标满腔热情，千方百计地克服困难，坚决执行决定，达到预定目的。他既不会鲁莽行动，也不会盲目附和别人的意见。

与自觉性相反的品质是盲从性和独断性。盲从性就是盲目地受他人的暗示或影响，对自己的行动目的缺乏清楚的认识。高度盲从的人没有主见，不了解自己行为的意义，因而极易受他人的影响和怂恿，极易轻信他人。独断性就是盲目地拒绝他人的意见或劝告，不论正确、合理与否，一概坚决地拒绝，对于自己的决定总是深信不疑、一意孤行而不顾主客观条件的变化。盲从和独断实质上都是缺乏意志自觉性的表现。

（二）坚韧性

坚韧性是指完成艰巨任务时坚持不懈地克服困难，把决定贯彻始终的意志品质。具有高度坚韧性的人，有顽强的毅力，充满信心地为正确的目的而奋斗，他在意志行动中毫不动摇、始终不渝、排除万难，并善于总结经验教训，既不为无效的愿望所驱使，也不被预想的方法所束缚，为了达到目的，具有誓不罢休、百折不挠的精神。

与坚韧性相反的品质是动摇性和刚愎、执拗。动摇性是指遇到困难便怀疑预定目的或怀疑自己的能力，见异思迁，半途而废，放弃对预定目的的追求。这种人不善于迫使自己去达到预定目的，偶遇挫折便望而却步，导致意志行动失败。刚愎、执拗是对自己的行为不做理智的评价，总是独行其是，听不进别人的意见。这种人不能客观地认识形势，尽管事实证明他的行动是错误的，但仍然自以为是、一意孤行。动摇性和刚愎、执拗都是缺乏意志坚韧性的表现。

（三）果断性

果断性是善于迅速地明辨是非，坚决地采取决定和执行决定的意志品质。果断的人对自己的行动目的、行动方向和可能后果都有深刻的认识和清醒的估计，所以当事态发展到最紧急重要的关头时，就能在深思熟虑的基础上，马上做出决定，及时行动，毫不动摇。

与果断性相反的品质是优柔寡断。优柔寡断者是指个体在意志行动中有无休止的动机冲突，在矛盾中摇摆不定。表现在个体采取决定时，迟疑不决、三心二意，到了紧急关头，仓促做出决定，做出决定后又后悔，甚至开始行动之后，还怀疑自己决定的正确性，如此循环往复，导致意志行动踌躇不前或直接失败。优柔寡断是缺乏意志果断性的表现。

（四）自制力

自制力是善于控制和支配自己行动的品质，主要包含自己的言语、行为和情绪等。自制力强的人，在任何情况下都能保持清醒的头脑，能控制自己的情感不受外界干扰，抵制内外诱惑，坚持完成意志行动。例如，古语"富贵不能淫，贫贱不能移，威武不能屈"，就是意志自制力的表现。自制力强的人能控制自己的言语、行为和情绪，不信口开河，能做到三思而后行。

与自制力相反的品质是任性和怯懦。任性的人常常成为情绪的奴隶，行为被情绪所左右，不能坚定地执行自己的意志行动。怯懦的人胆小怕事，遇到困难时畏缩不前，恐惧害怕。任性和怯弱的人自我约束力差，遇到困难和问题时容易退缩或冲动，抵制不住外界诱惑，从而导致意志行动失败。任性和怯懦都是缺乏意志自制力的表现。

概括起来，意志品质所具有的意志特征见表7-2。

表 7-2 意志品质所具有的意志特征

意志品质	含 义	相反的品质
自觉性	能否深刻地认识到行动目的的正确性和重要性，并主动地支配自己的行动，使之符合目的的意志品质。如"按意愿行动"	盲从和独断
坚韧性	完成艰巨任务时坚持不懈地克服困难。如"百折不挠"	动摇性和刚愎、执拗
果断性	善于迅速地明辨是非，坚决地采取决定和执行决定。如"毫不动摇"	优柔寡断
自制力	善于控制和支配自己行动的品质。如"富贵不能淫"	任性和怯懦

二、意志品质的培养

意志的各种品质之间有着千丝万缕的联系，要判断一个人的意志水平，就需要综合考量各种意志品质。例如，一个自制力很差的人一般来说坚韧性也不会很好，一个很果断的人自觉性一般来说也很强，因此，意志的各个品质是一个不可分割的整体，我们可以从以下几个方面对意志品质进行培养。

（一）加强正确的世界观教育

世界观是人认识活动的定向工具和行为的最高调节器。只有树立了科学和正确的世界观，才能确立正确的行动目的，才能具有高度的社会责任感、明确的生活目的和崇高的理想，对他人的思想和行为做出实事求是的评价，辨是非、知荣辱、明善恶。

在进行世界观教育时，应当教育学生把中国特色社会主义核心价值观同眼前的学习、工作、生活结合起来，用理论来指导自己的行动。只有把中国特色社会主义核心价值观融于行动中，渗透在日常生活中，成为行动的目标，才有助于形成良好的意志品质。

（二）在实践中锻炼

坚强的意志是在克服困难的实践活动中发展起来的，只有在实践中，学生面对实实在在的困难，才能取得意志锻炼的效果。学校教育中可以结合教学内容或通过主题班会等活动，为学生提供实践锻炼的机会。在进行实践活动时，教师要给学生设置一定的困难任务，这个任务最好具有一定的挑战性，但学生通过努力又能达到。

例如，要求他们坚持每天晨跑，打卡积分，最后进行全班排名。

教师要根据学生意志品质上的差异，采取不同的锻炼方法，使每一位学生能够得到个性化的锻炼。例如，容易盲从的学生，教师应当在活动中启发他们的自觉性，提高他们对活动的认识，培养他们对社会、集体和劳动的义务感和责任感。对于自制力差的学生，教师应当在活动中更多地锻炼他们抵制诱惑、调节情绪的能力，让他们逐步学会积极面对挫折和失败带来的后果，具备足够的受挫折和遭遇失败的思想准备，鼓励他们坚强勇敢、抵制诱惑和不盲目冲动。

（三）发挥榜样的作用

根据班杜拉（A. Bandura）的观察学习理论，榜样是学习过程中一个非常重要的因素。在培养学生良好意志品质的过程中，榜样同样重要。教师除了用科学家、发明家、劳动模范、革命先烈及文艺作品中的优秀人物来培养学生的意志外，还要善于从学生周围的学习生活中，特别是从他们的同龄人中选取典型，为他们树立坚强意志的榜样。这种心理距离近的榜样，学生更感到亲切而容易接受，更愿意向榜样学习。另外，教师自身对学生来说也是一个重要的榜样，如果教师是一个意志力很坚定的人，那么学生也会受到教师的这种行为品质的影响，表现出坚定的意志力；相反，如果教师只要求学生有坚定的意志，而自己经常优柔寡断、三心二意，就容易给学生意志力的培养造成负面的效果。

（四）加强自我锻炼

在培养学生良好意志品质的过程中，榜样的力量、实践活动锻炼等，都必须通过学生的自我锻炼才能真正起作用。教师应当教育学生加强意志的自我锻炼，使他们养成自我检查、自我监督、自我鼓励的好习惯，引导学生学会自我锻炼。研究表明，大部分学生能够进行意志的自我锻炼。例如，他们在学习上经常用格言来鞭策自己、检查自己、督促自己，也会经常同周围同学进行比较，找出差距，奋力追赶。进行意志的自我锻炼需要注意一些问题：① 养成自我检查、自我判断、自我批评的习惯；② 树立自我效仿的学习榜样；③ 善于把握自己的愿望，制定合理的行动目标；④ 制订切实可行的自我锻炼计划等。

意志力的培育和成长

一、锻炼是自控力的良药

锻炼对意志力的效果是立竿见影的，而且不用畏惧动辄1个小时的时间，5分钟即可；不用畏惧大汗淋漓精疲力竭的强度，散步就起作用。比如，有网瘾的学生，强迫自己晚上走出宿舍,去操场上散步或跑步 5 分钟,网瘾会马上减轻,自控感增强。锻炼时间稍微长些,效果会更明显持久。锻炼是件事半功倍的事。

二、三思而后行

当出现冲突时,让自己放慢速度,避免冲动行事,给自己留出尽可能多的时间,去深思熟虑想办法。如果无法进行深入思考,那就保持镇定,因为思维不清晰时大脑处于无序状态,它使"意志之王"毫无用武之地。如对去图书馆学习或待在宿舍看电影犹豫不决时,可以先暂时不立即做出选择,多想一想自己的责任,想象一下两件事情结束后情景分别是什么样子的,以供做决策。

三、自我同情

"如果我对自己不苛刻,就什么也做不成""如果我原谅了自己,下次还会这样",可能很多人都会这样考虑问题,沉浸在无限的自我批评中,白白耗费心理能量而一无所得,甚至自责过大陷入抑郁。相反,如果用自我同情来应对压力和挫折,减少负罪感,把自己从坏的心境中解脱出来,反而能提高责任感和积极性,更好地培养意志力。面对同一个目标,带着自我怀疑和自我批评负重前行,不如选择自我同情和自我谅解轻松上阵。

四、利用意志力的传染性

自控受到社会认同的影响,因此意志力和诱惑都具有传染性。群体行为对其中的个体行为影响是非常大的,随波逐流的事情经常发生,出淤泥而不染却很难。立足于长远目标,兼顾短期目标,时常想象一下"如果有一天遇见未来的自己,他会是什么样子",将自己置身于有助于实现目标的群体,在自己被外界诱惑时,群体的意志力会感染到你,给予你抵挡的力量。

五、集中注意力

集中注意力不是一件容易的事情。周围纷扰的客观现实,加上内心易感脆弱的主观世界,某时某刻集中精力在一件事上并不容易做到。可以通过一些物理训练来培养注意力,先做到心静自然凉,然后再将精力集中在具体事件上。5 分钟的专心呼吸是一种简单有效的方法,它能减轻压力,指导大脑处理内在的干扰和外在的诱惑。在 5 分钟的时间里,将注意力集中在"呼"和"吸"的动作上,每天坚持,反复训练,效果会非常明显。人生来身体里就涌动着想即时满足的我和目标远大的我,而且从出生开始就不断地遇到诱惑,感受压力和失控,但同时也具有平静下来、掌控自己的能力。意志力强的人不会在两个"我"的较量中一决高低,而是学会接受互相冲突的自我,让他们融为一体,克服困难,实现最重要的目标。意志力是一种无形的宝贵财富,它是任何成功所需的必要能力和品质。意志力虽与生俱来,但后天的培养、锻炼和保持更为重要,拥有它,对于每个人来说都会受益终身!

(有删改)

【本章要点】

本章从三个方面对意志这一心理现象做了总体性介绍，分别是：

（1）阐述了意志是人自觉地确定目的，并根据目的支配和调节行动，克服困难，实现目的的心理过程。介绍了意志行动及其特征。对意志、认知、情感和个性倾向性的关系进行了详细的阐述，深刻揭示了三大心理过程与个性的密切关系。

（2）介绍了意志行动的过程，意志行动是一个持续的行为过程，有其发生、发展和完善的过程。主要分为两个阶段：采取决定阶段和执行决定阶段。采取决定阶段是意志行动的准备阶段，包括动机斗争和确定目的等环节；执行决定阶段是意志行动的完成阶段，主要包括：克服困难，执行决定；遭遇挫折，积极应对；调整计划，实现目标等环节。执行决定阶段是意志行动的中心环节。

（3）详细介绍了意志品质的概念，强调意志品质是评价一个人意志水平的重要指标，主要包括自觉性、坚韧性、果断性和自制力。提出可以通过加强正确的世界观教育、在实践中锻炼、发挥榜样的作用、加强自我锻炼等方式来对意志品质进行培养。

【练习与思考】

一、单项选择题

1. 对人云亦云、易受暗示的人，应注意培养他们的（　　）。

　　A. 自觉性　　　　B. 果断性　　　　C. 坚韧性　　　　D. 自制性

2. 魏徵曾对唐太宗李世民说："嗜欲喜怒之情，贤愚皆同。贤者能节之，不使过度；愚者纵之，多至失所。"这句话说明意志要有（　　）。

　　A. 自觉性　　　　B. 果断性　　　　C. 坚韧性　　　　D. 自制力

3. "前怕狼后怕虎"属于（　　）。

　　A. 双趋冲突　　　B. 双避冲突　　　C. 趋避冲突　　　D. 以上都不是

4. 见异思迁、龙头蛇尾等指意志的（　　）。

　　A. 盲从　　　　　B. 优柔寡断　　　C. 动摇　　　　　D. 执拗

5. 一位喜剧演员刚发生了不愉快的争吵，但上台演喜剧时仍能谈笑风生，反映其意志的（　　）品质。

　　A. 果断性　　　　B. 坚韧性　　　　C. 自制力　　　　D. 自觉性

6. 小学生既不想完成作业又不想被老师惩罚。这种心理现象属于（　　）。

　　A. 双趋冲突　　　B. 双避冲突　　　C. 趋避冲突　　　D. 多重趋避冲突

7. 某大学生想通过中介找兼职赚零花钱，并得到实践锻炼，却又担心上当受骗和影响学习。这种心理状态属于（   ）。

A. 双趋冲突　　　B. 双避冲突　　　C. 趋避冲突　　　D. 多重趋避冲突

8. 成语"百折不挠"体现的意志品质主要是（   ）。

A. 自制性　　　　B. 坚韧性　　　　C. 果断性　　　　D. 自觉性

二、简答题

1. 意志冲动的类型有哪些？
2. 意志品质有哪些？

第八章

个性和个性倾向性

【本章提要】

"特立独行"的人在日常生活中通常会被认为有"个性","倔强""要强""坦率"也常常是个性的标签,而"文雅""斯文""柔弱"的人在大多数时候是被评定为没有个性。个性是否就是这么简单?人一生下来是否就具有个性?个性包含哪些内容?本章将简单介绍个性的概念及个性倾向性的基本内容,对个性倾向性进行简单的分析,让我们更好地认识自己。

【学习目标】

- 知道个性的概念及基本特征。
- 了解个性倾向性的基本内容及规律。

第一节 个性概述

在日常生活中,当我们看到一个人的行为举止与大多数人都不同时,通常会给出"他真有个性!"这样的评价,这里的"个性"与心理学中所讲的个性并不是完全吻合的,那么心理学中所说的个性到底是什么呢?

一、个性的概念

个性一词源于拉丁语 Persona,它有两个含义:一方面,原指演员在舞台上所戴的假面具，后引申为一个人在生命舞台上所扮演的角色；另一方面，指能独立思考、具有独特行为特征的人。个性，在西方又称人格。心理学家们普遍认为个性结构较为复杂，因此，许多心理学者从自己研究的角度提出个性的定义，如美国心理学家吴伟士（R. S. Woodworth）认为："人格是个体行为的全部品质。"美国人格心理学家卡特尔（R. B. Cattell）认为："人格是一种倾向，可借以预测一个人在给定的环境中的所作所为，它是与个体的外显与内隐行为联系在一起的。"

我国心理学界对个性的概念和定义尚未有一致的看法，《心理学大词典》中的个性定义得到了多数学者的认同，即个性，也可称人格，指一个人的整个精神面貌，即具有一定倾向性的心理特征的总和。个性结构是多层次、多侧面的，是由复杂的心理特征的独特结合构成的整体。这些层次有：第一，完成某种活动的潜在可能性的特征，即能力；第二，心理活动的动力特征，即气质；第三，完成活动任务的态度和行为方式的特征，即性格；第四，活动倾向方面的特征，如动机、兴趣、理想、信念等。这些特征不是孤立存在的，是有机结合的一个整体，对人的行为进行调节和控制。

个性是在社会化的过程中形成的。婴儿出生后只是一个自然人个体，并没有形成自己的个性，随着年龄的增长、社会化程度的加深，他们的内部世界在不断地丰富、发展、完善，最后成长为一个独立的个体，具有社会性质，形成了全面、持久、统一的自我，这时他便具备了自己的个性。

研究和掌握学生的个性心理，全面深刻地了解学生，就可以针对学生的不同特点，采取不同的教育措施，即因材施教。

二、个性的特性

（一）自然性与社会性

个性的形成既有先天自然素质的影响，又是个体社会化发展的结果。人的个性是在先天的自然素质的基础上，通过后天的学习、教育与环境的作用逐渐形成的。因此，个性首先具有自然性。但人的个性并非单纯自然的产物，它与社会因素是密不可分的。初生的婴儿作为一个自然人，未经历社会化的发展，还谈不上有个性。个性又是在个体生活过程中逐渐形成的，它在很大程度上受社会文化、教育内容和方式的塑造。可以说，每个人的人格都打上了他所处的社会的烙印，即个体社会化的结果。比如，狼孩的事例就告诉我们，如果离开社会，离开社会的发展，一个人就算先天的遗传素质再好，正常的心理也无法发展，更别提个性的形成了。由此可见，个性是自然性与社会性的统一。

（二）稳定性与可塑性

个性是一个人比较稳定的心理行为模式。这种稳定性是指个体的个性特征具有跨时间和空间的一致性。在个体生活中暂时的偶然表现的心理特征，不能认为是一个人的个性特征。例如，一个做事冲动不考虑后果的人，偶尔会思考后再行动，不能说明这个人就是个理智的人。只有一贯的、在绝大多数情况下表现出来的心理行为表现才是个性的反映。一个人的个性一旦形成就具有一定的稳定性，不会轻易改变。潘菽教授曾指出："个性就是一个人（或每个人）所有心理静态或较稳定的状况的全部内容。忽视了这一点，个性心理问题无论如何都说不清楚。"

尽管如此，个性绝不是一成不变的，是具有可塑性的。在长期的社会生活中，随着社会现实和生活条件、教育条件的变化，年龄的增长，主观的努力等，个性也可能会发生某种程度的改变。特别是在生活中经历过重大事件或挫折，往往会在个性上留下深刻的烙印，从而影响个性的变化，这就是个性的可塑性。比如电视剧中纨绔子弟的改变往往发生在家族事业面临危机或者破产之后，他们经历重大打击后会变得成熟稳重，表现出跟之前完全不同的个性特征。当然，个性的变化比较缓慢，不可能立竿见影。

个性既具有相对的稳定性，又有一定的可塑性。教育工作者要充分认识到这一点，履行教育职责时才能有耐心和信心。

（三）独特性与共同性

世界上没有两片完全相同的树叶，也没有完全相同的两个人，每个人都有自己独特的个性。个性的独特性是指人与人之间的心理和行为是各不相同的，因为构成个性的各种因素在每个人身上的侧重点和组合方式是不同的。例如，有的人知觉事物细致、全面，善于分析，有的人知觉事物较粗略，善于概括；有的人情感较丰富、细腻，而有的人情感较冷淡、麻木；等等。

强调个性的独特性，并不排除个性的共同性。个性的共同性是指某一群体、某个阶级或某个民族在一定的群体环境、生活环境、自然环境中形成的共同的典型的心理特点。比如，有的人一看就知道是学生，因为他身上有学生的共性特征。正是个性具有的独特性和共同性，才组成了一个人复杂的心理面貌。

（四）整体性

个性是一个统一的整体结构，是人的整个心理面貌。个性的各个成分相互作用、相互影响、相互制约，如果其中一个部分发生了变化，其他部分也会发生变化。个性是由各种成分所构成的多层次、多水平的统一整体。

三、个性心理结构

个性心理作为整体结构，可划分为既相互联系又有区别的两个系统，即个性倾向性（动力结构）和个性心理特征（特征结构）。

（一）个性倾向性

个性倾向性是个性中的动力结构，是个性结构中最活跃的因素，是决定社会个体发展方向的潜在力量，是人们进行活动的基本动力，也是个性结构中的核心因素。它主要包括需要、动机、兴趣、理想、信念、世界观、自我意识等心理成分。在个性倾向性中，需要是个性积极的源泉；信念、世界观居最高层次，决定着一个人总的思想倾向；自我意识对人的个性发展具有重要的调节作用。

（二）个性心理特征

个性心理特征是个性中的特征结构，是个体心理差异性的集中表征，它表明一个人的典型心理活动和行为，包括能力、气质和性格。

个性倾向性和个性心理特征相互联系、相互制约，从而构成一个有机的整体。

第二节 个性倾向性及其规律

一、需要

（一）什么是需要

需要是个体在生活中感到某种欠缺而力求获得满足的一种内心状态。它是人脑对生理和社会要求的反映。

人是自然属性与社会属性的统一体，为了满足自身的生存与发展，对空气、食物、水、阳光等自然条件必然会有所依赖，对交往、劳动、学习、创造、运动等社会条件也会有所要求，当这些必需的事物反映在人脑中，就成为人的需要。

需要是个性倾向性的基础，是个性积极性的源泉，它与人的行为的发生有密切关系。人的活动总是受某种需要所驱使，需要一旦被意识到并驱使人去行动时，就以活动动机的形式表现出来。需要激发人去行动，并使人朝着一定的方向去追求，以求得到自身的满足。同时人的需要又是在活动中不断产生与发展的。当人通过活动满足了原有的需要时，人和周围现实的关系就发生了变化，又会产生新的需要。因此说，需要是人的活动的基本动力。

（二）需要的种类

对需要种类的划分有不同的角度，通常从需要的起源和需要的对象两个角度进行分类。

1. 生理需要和社会需要

从需要的起源划分，需要包括生理需要和社会需要。生理需要是为保存和维持机体生命和种族延续所必需的。生理需要包括：维持机体平衡的需要，如对饮食、运动、睡眠、排泄等的需要；回避伤害的需要，如保证自身安全的需要等；性的需要，如交配、繁衍的需要。生理需要是生而有之的，人与动物共有。

社会需要是与社会生活相联系的需要，人们为了提高自己的物质和文化生活水平而产生的需要就是社会需要，包括对知识、劳动、艺术创作的需要，也包括对人际交往、友谊和爱情的需要，还有对娱乐消遣、享受的需要，等等。社会需要是人特有的。人的社会需要因受社会背景和文化意识形态的影响而有显著的个别差异。

2. 物质需要和精神需要

按需要的对象划分，可把需要分为物质需要和精神需要。物质需要是指人对物质对象的需求，包括对衣、食、住有关物品的需要，比如对金钱的需要，对美食的追求，对美妆的爱好，等等。物质需要是一种反映人的活动对于物质文明产品的依赖性的心理状态，因此，物质需要既有生理性的需要，又有社会性的需要。

精神需要是指人对社会精神生活及其产品的需求，也是人特有的需要，比如对理想的追求，对审美与道德的需要，对别人的肯定与尊重的需要，等等。这些需要既是精神需要，又是社会需要。

（三）马斯洛的需要层次论

关于需要发展的理论，最著名的就是美国人本主义心理学家马斯洛提出的需要层次理论。马斯洛认为，人的一切行为都是由需要引起的，他在1943年出版的《调动人的积极性的理论》一书中提出了著名的需要层次论。在研究前期，马斯洛把人的多种多样的需要归纳为五大类，并按照它们发生的先后次序分为五个等级（图8-1）。

图8-1 五阶需要层次结构

1. 生理的需要

这是人类最原始的也是最基本的需要，包括饥、渴、性和其他生理机能的需要，它是推动人们行为的最强大的动力。只有在生理需要基本满足之后，高一层次的需要才会相继产生。

2. 安全的需要

人们需要稳定、安全、受到保护、有秩序，能免除恐惧和焦虑等。当一个人生理需要得到满足后，满足安全的需要就会产生。个人寻求生命、财产等个人生活方面免于威胁、孤独、侵犯并得到保障的心理就是安全的需要。

3. 归属与爱的需要

这是一种社会需要，是一个人要求与其他人建立感情的联系或关系的需要。比如，结交朋友，追求爱情，成为某个团体中的一员，等等。

4. 尊重的需要

马斯洛将这类需要分为两类：一是尊重自己（如尊严、成就、掌握、独立）；二是对他人的名誉或尊重（如地位、威望）。

5. 自我实现的需要

自我实现的需要是指实现个人理想、抱负，最大限度地发挥个人能力的需要，即获得精神层面的臻于真、善、美至高人生境界的需要，就是人们追求实现自己的能力或者潜能，并使之完善化。

马斯洛的需要层次理论主要提到以下基本观点：

第一，五种需要是最基本的、与生俱来的，构成不同的等级或水平，并成为激励和指引个体行为的力量。

第二，低级需要和高级需要的关系：需要层次越低，力量越大，潜力越大。随着需要层次的上升，需要的力量相应减弱。高级需要出现之前，必须先满足低级需要。这里的"满足需要"不是"全有或全无"的现象，马斯洛承认，他先前的陈述可能给人一种"错误的印象，即在下一个需要出现之前，必须百分之百地满足需要"。在人的高级需要产生以前，低级需要只要部分满足就可以了。

第三，低级需要直接关系个体的生存，也叫缺失需要，当这种需要得不到满足时直接危及生命；高级需要不是维持个体生存所绝对必需的，但满足这种需要可使人健康、长寿、精力旺盛，所以叫作生长需要。高级需要比低级需要复杂，满足高级需要必须具备良好的外部条件，如社会条件、经济条件、政治条件等。

第四，个体对需要的追求有所不同，有的人对自尊的需要超过对归属与爱的需要。

后期，随着研究的深入，马斯洛的五阶段模型已经扩大为八阶段，包括认知的需要、审美的需要和超越的需要（图8-2）。

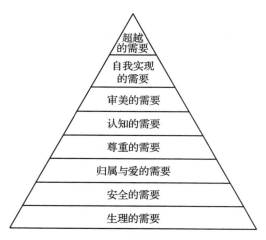

图 8-2 八阶需要层次结构

认知的需要包括知识和理解、好奇心、探索、意义和可预测性需求。

审美的需要包括欣赏和寻找美、平衡、形式等。

超越的需要是指一个人的动机超越个人自我的价值观。

马斯洛的需要层次理论在现代行为科学中占有重要地位。它是管理心理学中人际关系理论、群体动力理论、权威理论、需要层次理论、社会测量理论的五大理论支柱之一。马斯洛的需要层次理论被行为科学所吸取，并成为行为科学的一个重要理论问题。

马斯洛

亚伯拉罕·马斯洛（1908—1970，图8-3），美国社会心理学家、人格理论家和比较心理学家，人本主义心理学的主要发起者和理论家，心理学第三势力的领导人。他是智商高达194的天才，伟大的先知。他没有美学专著，但其美学思想融合在其心理学理论中。

马斯洛的人本主义心理学为其美学理论提供了心理学基础。其心理学理论核心是人通过"自我实现"，满足多层次的需要系统，达到"高峰体验"，重新找回被技术排斥的人的价值，实现完美人格。著名哲学家尼采有一句警世格言——成为你自己！

图 8-3 亚伯拉罕·马斯洛

马斯洛在自己的生命历程中,不仅将毕生精力致力于此,更以独特的人格魅力证明了这一思想,成功地树立了一个具有开创性的形象。《纽约时报》评论说:"马斯洛心理学是人类了解自己过程中的一块里程碑。"还有人这样评价他:"正是由于马斯洛的存在,做人才被看成是一件有希望的好事情。在这个纷乱动荡的世界里,他看到了光明与前途,他把这一切与我们一起分享。"的确,弗洛伊德为我们提供了心理学病态的一半,而马斯洛则将健康的那一半补充完整。

二、动机

人的每一种行为的背后都是有原因的,这里所说的原因就是推动行为的力量,就是我们所说的动机。动机与需要是紧密联系的,动机是在需要的基础上产生的。如果说需要是人的活动的基本动力的源泉,那么动机就是推动这种活动的直接的力量。

(一) 什么是动机

动机是指引起和维持个体活动,并使活动朝向某一目标的内部动力。动机是一种内部刺激,是个人行为的直接原因;动机为个人的行为提出目标;动机为个人行为提供力量以达到体内平衡;动机使个人明确其行为的意义。

(二) 动机的种类

推动人的行为的原因有多少种,动机就有多少种,以此为据,可对动机进行分类。

1. 内在动机和外在动机

根据动机的来源,可将动机分为内在动机和外在动机。内在动机是由活动本身引起的,它不需要外在条件的参与,通常是为了满足自身的某种需要而产生的,不需要外界的刺激。例如,周恩来"为了中华之崛起而读书"就属于内在动机。外在动机是由活动的外部因素引起的,是为了获得外部某种奖励或认可而产生的动机,这时个体追逐的奖励来自动机活动的外部。例如,认真学习是为了获得奖学金,好好上课是为了得到老师的表扬,等等。内在动机力量大,持续时间长,稳定;外在动机持续时间短,易变,往往带有一定的强制性。

合理应用内部激励和外部激励

(1) 根据学生的年龄选择激励源。诸如分数、表扬这样的外在奖励,对于年龄小一些的学生效果更好;诸如"为了乐趣而做某件事"这样的内在激励,对于年龄大一些的学生更起作用。应根据学生的个体差异性选择更合适的激励方式。

(2) 使用多种方法激励学生。外在激励能够迅速改变个体行为，但这种改变是暂时的。内在激励对行为的改变是缓慢而持久的。为了取得激励的最佳效果，应将两种方法结合起来，并尽量尝试多种不同的激励途径。

(3) 课堂授课安排应能够激发学生的好奇心。通过激励学生的胜任感来培养学生的学习兴趣。给学生充分的自主选择的机会，如让其针对问题提出自己的解决方案，改善周围环境，等等，这对他们来说是一种挑战，同时也是一种激励。

(4) 表现出自己的热爱和激情，不断尝试新的方法来表现你的好奇心和兴趣。如果你对热带雨林或者现代短篇小说感兴趣，你的学生就可能会注意到这一点，并以你为榜样。

(有删改)

2. 主导性动机和辅助性动机

根据动机在活动中所起的作用不同，可将动机分为主导性动机和辅助性动机。主导性动机是指在一段时间或某种活动中，在活动中处于支配地位，发挥着主导作用的动机，这种动机一般较为强烈、稳定。辅助性动机是指在活动中处于从属地位，只起辅助作用的动机，这类动机一般较弱、易变。我们做每件事时都可能几种动机并存，比如你努力学习，既是为了获得父母的奖励，也是为了充实自己的生活，还是为了以后找个好工作。那么在这诸多的原因中，会有一个最主要的原因，这个最主要的原因就是主导性动机，其他的就是辅助性动机。主导性动机是不随着行动者的目标而不断变化与发展的。当主导性动机与辅助性动机的关系较为一致时，活动动力会加强；若彼此冲突，活动动力会减弱。

3. 生理性动机和社会性动机

根据动机的起源，可将动机分为生理性动机和社会性动机。生理性动机也称生物性动机或者原发性动机，是与人的生理需要相联系的，具有先天性，是一种比较低级的动机。比如，对吃喝拉撒的需要与追求。社会性动机也称心理性动机或继发性动机，是与人的社会性需要相联系的，是后天习得的、比较高级的动机。比如，交往动机、学习动机、工作动机等。

4. 近景动机和远景动机

根据动机行为与目标远近的关系，可将动机划分为近景动机和远景动机。近景动机是指与近期目标相联系的动机，这种动机影响范围小，持续作用的时间短；远景动机是指与长远目标相联系的动机，这种动机影响范围大，持续作用的时间长。例如，有的学生努力学习，其目标是为了获得父母给的奖励；而有的学生努力学习，其目标是为今后找个好工作。前者为近景动机，后者为远景动机。远景动机和近景动机具有相对性，在一定条件下，两者可以相互转化。远景目标可分解为许多近景目标，近景目标要服从于远景目标，体现远景目标。"千里之行，始于足下"，是对近景动机与远景动机辩证关系的描述。

三、兴趣

兴趣是人们认识事物和进行活动的巨大动力，是推动人们行为的另一个重要心理因素，对人的学习、生活有着重要的意义。

（一）什么是兴趣

兴趣是指一个人积极认识、探究某种事物及从事某种活动的心理倾向。它是人认识需要的情绪表现，反映了人对客观事物的选择性态度。它总是伴随着良好的情感体验。当一个人对某种事物发生兴趣，他就会对该事物表现出特别的关注，大胆地探索，并去从事与此事有关的活动。例如，对跳舞有兴趣的人，听到音乐就会忍不住跟着节奏摆动身体，总是极大地关注有关舞蹈的信息，积极参与舞蹈活动。兴趣使人的认识优先地指向某种事物，并以渴望和愉快的心情去了解它和探究它，这也是动机的一种形式。

兴趣是在一定需要的基础上，在社会实践过程中形成和发展起来的。实践活动是兴趣产生的源泉。人们往往对完全生疏的、不理解的事物不会有多少兴趣。但随着对该事物的逐渐熟悉、理解、掌握，兴趣会随之产生。比如，玩数独游戏，刚开始接触时你会觉得很没意思，甚至无聊，后来随着游戏的深入，你会被深深地吸引，产生了浓厚的兴趣。

（二）兴趣的种类

1. 物质兴趣和精神兴趣

根据兴趣的内容，可以将兴趣分为物质兴趣和精神兴趣。物质兴趣是以人的物质需要为基础的兴趣，主要表现在对食物、服装及舒适的生活环境或生活条件的追求等。精神兴趣是以人的精神需要为基础的兴趣，主要表现为认识的兴趣，如对科学知识的探求，对文学艺术的喜爱及建构良好人际关系等方面的兴趣。

2. 直接兴趣和间接兴趣

根据兴趣的目标指向性，可以将兴趣分为直接兴趣和间接兴趣。直接兴趣是对事物或活动本身产生的兴趣。新奇的事物或与需要相联系的事物比较容易引起人的直接兴趣。例如，因为喜欢研究历史，所以旅游时对历史古迹感兴趣；没见过外星人，因此对宇宙很感兴趣。

间接兴趣不是由事物或活动本身引起的，而是对事物或活动的结果产生的兴趣。比如，喜欢上体育课，并不是因为爱好体育，而是体育老师非常风趣幽默。

3. 暂时兴趣和持久兴趣

根据兴趣维持的时间，可以将兴趣分为暂时兴趣和持久兴趣。暂时兴趣维持的时间比较短，是随着某种活动的开始而产生，又随着活动的结束而消失。比如，看烟花时被烟花的绚丽多彩所吸引，但随着烟花的消失，这种兴趣也就没有了。持久兴趣是长期、稳定地对人或物产生积极作用的兴趣。比如，你对文学的兴趣，对劳动的兴趣，等等。

（三）兴趣的品质

1. 兴趣的倾向性

兴趣的倾向性是指兴趣的指向对象，也就是对什么感兴趣。人们在兴趣倾向性方面会表现出很大的个体差异，有高尚和低级之分，如有的人对历史文化感兴趣，有的人对文学艺术感兴趣，还有的人对伤害他人感兴趣。不同的人兴趣指向的方向和内容都有很大的不同。个人兴趣的倾向性，是个性中形成其他品质的前提。

2. 兴趣的广泛性

兴趣的广泛性是指兴趣指向客观事物范围的大小。个人的兴趣越广泛，知识面就越广，经验就越丰富。兴趣的广泛性也存在个体差异。具有广泛兴趣的人，经常注意多方面的新问题，并加以钻研，从而大大增加自己的知识，为创造性地解决问题提供了可能。兴趣的广泛性并不等于兴趣泛滥。

3. 兴趣的稳定性

兴趣的稳定性是指兴趣持续时间的长短，持续时间长则稳定性强，持续时间短则稳定性弱。在人的一生中兴趣必然会发生变化，但在一定时期内，保持基本兴趣的稳定性则是个体的一种良好心理品质。稳定的兴趣对于完成复杂而又艰巨的任务十分必要，朝三暮四将会一事无成。一般来说，成人的兴趣比较稳定，儿童的兴趣容易转移变化。随着年龄的增长，儿童的兴趣才逐渐稳定。

4. 兴趣的效能性

兴趣的效能性是指兴趣对活动的推动所产生的效果。有效兴趣能够成为推动工作和学习的动力，使人不停留在静观阶段，而是继续深入下去，为获得兴趣的对象而积极活动，促进个体的发展。无效兴趣不能产生实际效果，往往使人只停留在口头或文字上，只具有一定的企图或愿望。

兴趣是需要的一种表现方式，人们的兴趣往往与他们的直接或间接需要有关。一个人对某种事物感兴趣，就会产生接近这种事物的倾向，并积极参与有关活动，表现出乐此不疲的极大热情。例如，有的小学生喜欢航模，一有空闲时间就拿起航模摆弄，从中获得乐趣。人们历来很重视兴趣在教学中的作用，孔子就曾说过：知之者不如好之者，好之者不如乐之者。爱因斯坦也说过：兴趣是最好的老师。兴趣使人的探究和认识活动染上强烈的、肯定的情绪色彩，从而使这种活动为人所接受和喜爱。

兴趣是第一老师

陈景润是一位家喻户晓的数学家，在攻克哥德巴赫猜想方面做出了重大贡献，创立了著名的"陈氏定理"，所以有许多人亲切地称他为"数学王子"。但有谁会想到，他的成就源于一个故事。

1937年，勤奋的陈景润考上了福州英华书院，此时正值抗日战争时期，清华大学航空工程系主任、留英博士沈元教授回福建奔丧，没承想因战事被滞留家乡。几所大学得知消息，都想邀请沈教授前去讲学，他谢绝了邀请。由于他是英华的校友，为了报答母校，他来到了这所中学为同学们讲授数学课。

一天，沈元老师在数学课上给大家讲了一个故事："200年前有个法国人发现了一个有趣的现象：6＝3＋3，8＝5＋3，10＝5＋5，12＝5＋7，28＝5＋23，100＝11＋89。每个大于4的偶数都可以表示为两个奇数之和。大数学家欧拉说过：虽然我不能证明它，但是我确信这个结论是正确的。它像一个美丽的光环，在我们不远的前方闪耀着炫目的光辉……"陈景润听得入神。因此，陈景润对这个奇妙问题产生了浓厚的兴趣。

课余时间他最爱到图书馆，不仅读了中学辅导书，大学的数理化教材他也如饥似渴地阅读。因此，陈景润得了"书呆子"的雅号。兴趣是第一老师。正是这样的数学故事，引发了陈景润的兴趣，引发了他的勤奋，从而造就了一位伟大的数学家。

（有删改）

四、理想、信念、世界观

1. 理想

理想是指对未来有可能实现的奋斗目标的向往和追求。比如孩子希望长大后成为科学家、发明家等。理想中的奋斗目标是人积极向往和追求的对象，它体现着个人的愿望，并指向未来。理想不是空想，它是符合客观规律的，是可以实现的。

根据理想的内容，可把理想分为职业理想、政治理想和道德理想。职业理想指自己将来想要从事哪方面的工作，比如医生、教师、工人等；政治理想指为实现什么样的政治目标而奋斗，比如为实现中华民族伟大复兴而奋斗；道德理想指要做一个具有什么样道德品质的人，比如要成为新时代的"四有"新人。这三种理想是彼此密切联系在一起的。

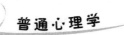

理想是个性倾向性的重要形式之一，它是在人的社会生活中通过人的活动而形成的；理想具有社会历史制约性。不同的历史时代、不同的社会、不同的阶级、不同世界观的人，具有不同的理想；理想在人的生活中的作用也是巨大的。理想可以鼓舞一个人为崇高的目标而奋进，也可以抑制自身行为的冲动，加强自我修养，培养良好的个性。理想是个人动机系统的一部分，一旦形成，就成为鼓舞人们前进的巨大动力。

2. 信念

信念是指坚信某种观点的正确性，并支配自己行动的个性倾向性。它表现为个人确信某种理论、观点或者某种事业的正确性和正义性，对它抱有确信无疑的态度，并力求加以实现。比如，革命先烈们正是怀着"共产主义必胜"的信念，坚持不懈地努力奋斗着，才有了我们今天美好的生活。信念不仅是人对他所获得的知识的领悟和理解，而且富有深刻的情感和热情，并在生活中接受它的指导。实践表明，信念是知和情的升华，也是知转化为行的中介、动力。可以说，信念是知、情、意的高度统一。

信念是在社会的影响下，在个人经验的基础上通过人的活动而形成的。具体来说，信念是通过以下三种方式形成的：① 直接经验，信念来自成功的人体经验。② 间接经验，比如从书本、报纸、电视、电影等媒体获得的非实践性第二手资料的经验。③ 推理推论，以直接经验和间接经验为基础做出的推断。

信念的形成是从幼儿开始的。但这一年龄时期由于知识经验的贫乏，其信念一般不是经过儿童自己的独立思考而形成的，而是深受父母、家庭的传统与习惯以及周围人群的人际关系的影响，只不过是成人们的信念在他们头脑中留下的记忆印象而已。真正的信念是在青少年期形成的。这是与他们知识的增多、思维水平的提高、活动范围的扩大密切相关的。信念是人的行为的重要动机，它是和人的理想紧密联系在一起的。在信念的基础上才会进一步形成世界观。

3. 世界观

世界观是信念的体系，是指对自然、社会和人类思维形成的观点体系，是人对整个世界的看法，包括政治观、道德观、人生观、价值观、幸福观、自然观等。世界观有两种存在形式：一种是以社会意识形态而存在的阶级世界观，属于哲学研究的范畴；二是作为心理学研究对象的个人世界观。上海师范大学燕国材教授认为："世界观是心理结构的最高层次……个性结构的核心因素。"世界观是在需要、动机、兴趣、理想与信念的基础上通过人的活动而形成的。它一旦形成，就对其他个性倾向性及一切心理活动具有调节作用，因此，它是个性倾向性的最高层次。

世界观的作用主要表现为：决定着个性发展的趋向与稳定性；影响认识的正确性与深度；制约情感的性质与情绪的变化；调节人的行为习惯。

第八章 个性和个性倾向性

在世界观中，心理学对价值观、人生观研究较多。研究表明，学龄前儿童的价值判断多以感触为标准；学龄初期儿童则倾向于同伴关系的协调和维护群体的规则；青少年价值观迅速发展，逐渐由具体变为抽象，由重外在价值转向重内在价值。就人生观的研究表明：小学阶段的儿童对人生意义开始发生兴趣，但未形成人生观，他们不能对人生产生一个总的看法；少年期是人生观的萌芽期；青年初期学生的人生观初步形成。

不相信自己的信念，永远也做不成将军

春秋战国时代，一位父亲和他的儿子出征打战。父亲已做了将军，儿子还只是马前卒。在号角吹响，战鼓擂响时，父亲庄严地托起一个箭囊，其中插着一支箭。父亲郑重地对儿子说："这是一支家袭弓箭，佩带身边，力量无穷，但千万不可抽出来。"

那是一个极其精美的箭囊，由厚牛皮打制而成，镶着幽幽泛光的铜边儿，再看露出的箭尾，一眼便能看出是用上等的孔雀羽毛制作。儿子喜上眉梢，贪婪地幻想拔出箭杆、拉弓上箭的模样，耳旁仿佛有嗖嗖的箭声掠过，敌方的主帅应声折马而毙。

果然，佩带宝箭的儿子英勇非凡，所向披靡。当鸣金收兵的号角吹响时，儿子再也禁不住得胜的豪气，完全背弃了父亲的叮嘱，强烈的欲望驱使着他"嗖"的一声就拔出弓箭，试图看个究竟，骤然间他惊呆了。

一只断箭，箭囊里装着一支折断的箭。我一直刳着支断箭打仗呢！儿子吓出了一身冷汗，仿佛顷刻间失去支柱的房子，意志轰然坍塌了。结果不言自明，儿子惨死于乱军之中。拂开蒙蒙的硝烟，父亲捡起那柄断箭，沉重地啐一口道："不相信自己的信念，永远也做不成将军。"把胜败寄托在一支箭上，多么愚蠢，而当一个人把生命的核心与把柄交给别人，又多么危险！比如把希望寄托在儿女身上，把幸福寄托在丈夫身上，把生活保障寄托在单位身上……

（有删改）

【本章要点】

本章对个性及个性倾向性的基本内容进行了介绍：

（1）阐述了个性的定义、特征及结构。个性也称人格，指一个人的整个精神面貌，即具有一定倾向性的心理特征的总和。个性具有自然性与社会性、稳定性与可塑性、独特性与共同性、整体性。个性包括个性倾向性和个性心理特征两个系统。

（2）个性倾向性主要包括需要、动机、兴趣、理想、信念、世界观等心理成分。需要是个体在生活中感到某种欠缺而力求获得满足的一种内心状态；动机是指引起和维持个体活动，并使活动朝向某一目标的内部动力；兴趣是指一个人积极探究某种事物及爱好某种活动的心理倾向；理想是对未来有可能实现的奋斗目标的向往和追求；信念是坚信某种观点的正确性，并支配自己行动的个性倾向性；世界观是信念的体系，是指对自然、社会和人类思维形成的观点体系，是人对整个世界的看法。

【练习与思考】

一、单项选择题

1. 一个人在一定社会条件下形成的、具有一定倾向的、比较稳定的心理特征的总和，称为（　　）。

   A. 心理现象　　　　　　　　B. 个性
   C. 个性心理特征　　　　　　D. 个性倾向性

2. 个性的基本特征不包括（　　）。

   A. 自然性　　　　　　　　　B. 可塑性
   C. 独特性　　　　　　　　　D. 一般性

3. "人心不同，各如其面"是指个性具有（　　）。

   A. 稳定性　　　　　　　　　B. 自然性
   C. 独特性　　　　　　　　　D. 整体性

4. 个性倾向性系统不包括（　　）。

   A. 性格　　　　　　　　　　B. 动机
   C. 需要　　　　　　　　　　D. 人生观

5. 学生为了获得知识、充实自己而努力读书，这是一种（　　）。

   A. 内在动机　　　　　　　　B. 外在动机
   C. 生理性动机　　　　　　　D. 辅助性动机

二、简答题

1. 个性倾向性包括哪些内容？
2. 兴趣的品质有哪些？

第九章 能力

【本章提要】

生活中,你是否有这样的疑问:"为什么花同样的时间,别人能获得更好的学习成绩,而我不行?"这就涉及本章所讲内容——能力。什么是能力?能力构成有不同吗?我们怎么评估一个人的能力?如何培养能力?本章将为你解开这些谜团。

【学习目标】

- 掌握能力的概念与分类。
- 了解能力测量常用的方法。
- 理解能力存在个别差异,并掌握能力个别差异的特点。
- 掌握影响能力发展的因素,并学会在生活实践中应用。

第一节 能力概述

一、能力的含义

能力是直接影响活动效率,使活动顺利完成的个性心理特征。

能力是一种心理特征,我们无法直接观察到,但可以通过人们的活动观察到,如一个人的管理能力,只有在领导团体和组织活动中才能显现出来。但不是所有个体具备完成活动的条件都可以称为能力,还必须具备心理条件,并且是能够影响活动效率的心理条件。性格虽然也表现在人的活动中，并对活动的结果产生影响，但它并不直接影响活动的效率。例如，短跑运动员取得出色的成绩，肌肉的爆发力是必不可少的，肌肉的爆发力属于身体条件而非心理条件，短跑运动员对起跑信号的反应敏捷水平、注意分配体力等则属于心理条件。

能力在活动中体现，能力也是在活动中慢慢形成与发展的。例如，画家在大量的绘画活动中训练形象记忆能力、色彩鉴别能力；学生在不断的学习过程中，提升信息加工能力、记忆能力、思维能力等，从而提升学习能力。

二、能力与知识、技能的关系

人的能力有大有小，知识有多有少，技能有高有低。那么知识、技能与能力的关系到底是怎样的呢？学识渊博是否代表能力高？技能与能力是否存在必然的联系？了解这些问题对于教育工作有着非常重要的意义。

知识、技能与能力相互区别，相互联系，彼此依赖又相互制约。

（一）能力、知识、技能的区别

知识是人类社会历史经验的总结和概括，是客观事物在人脑中的储存与表征方式。知识分为陈述性知识与程序性知识。陈述性知识即"是什么"的知识，如鸟类是恒温动物，北京是中国的首都；程序性知识即"如何做"的知识，如关于如何开车的知识、如何剪纸的知识。知识的学习往往包括感知、记忆、想象、思维等认知过程，如学生通过看书或听讲获得对知识的掌握，这个过程就包括了学生的认知过程。

技能是一种通过练习而巩固了的自动化的活动方式。技能分为动作技能与心智技能，动作技能如吹、拉、弹、唱、游泳、滑雪等，它由外显的机体运动来实现，其动作的对象为物质性的客体，即物体；心智技能如心算、解题、写作等，它是借助于内在的智力操作来实现的，其动作的对象为事物的信息，即观念。

能力是使某种活动顺利完成的个性心理特征。这种心理特征是在人的多次实践活动中形成、发展起来的，是心理活动的概括化，其概括化程度高于知识和技能，具有更强的迁移能力和更大的应用广度。人们在解数学题时，用到的公式、定理属于知识范畴；而在解题过程中思维活动的逻辑性和灵活性则属于能力范畴。

知识与技能不同，掌握了知识不等于掌握了技能，如我们能说出开车的技术和方法，但如果不加以练习，还是不能掌握开车这项技能。知识、技能与能力不同，一个人的能力不应该仅仅根据一个人知识的多少或者技能的多少来判定，一个人的能力可能已经表现出来，也可能没有表现出来。在教学过程中，我们要关心学生知识和技能掌握的情况，也要关心学生能力的发展，帮助学生在知识掌握和获得技能的过程中提升学习能力。

（二）知识、技能与能力的联系

首先，知识的掌握有助于技能的学习，同时能力是在人们掌握知识、获得技能的过程当中慢慢形成的。随着人的知识、技能的积累，人的能力也会不断提高。例如，掌握一些公式和定理（知识），对于解数学题（心智技能）有很大的帮助，在运用公式、定理解题的过程中，我们的逻辑思维能力在不断发展。

其次，一定的能力是掌握知识、技能的前提条件，能力制约着人们掌握知识、技能的快慢、难易和巩固程度，影响人们掌握知识和技能的水平，一般来说，能力高的人，知识、技能理解得快，掌握得更好。例如，动手能力强的人，在掌握打球、游泳、开车等技能时要比别人学得更快，掌握得更好。

三、能力的分类

人的能力多种多样，从不同角度、按不同标准，可以把能力分为不同的种类。

（一）一般能力与特殊能力

根据能力发挥作用的范围不同，可把能力分为一般能力与特殊能力。

一般能力是指在各种活动中都要具备的能力，是完成活动最基本的能力，包括感知能力、记忆能力、想象力、抽象概括能力等。一般能力又称为智力。

特殊能力是指在特殊活动中需要具备的能力，如音乐能力、绘画能力、运动能力等，它只在特殊领域内发挥作用，是完成该领域活动不可缺少的能力。

一般能力与特殊能力关系密切。一般能力是各种特殊能力形成和发展的基础，一般能力的发展为特殊能力的发展创造了有利的条件，如感知能力、想象能力、记忆能力对音乐活动的完成起着很重要的作用；特殊能力的发展能促进一般能力的发展，如绘画训练能提升绘画能力，在发展绘画能力的过程中也在提升感知能力、想象能力、思维能力等一般能力。

（二）再造能力与创造能力

根据能力表现的创造性水平的不同，可将能力分为再造能力与创造能力。

再造能力，又称为模仿能力，是指在活动中掌握前人所积累的知识、技能，并按现成的模式进行活动的能力。利用现有的知识和解决问题的方法来解决问题，能节约时间、提升效率，在一般性活动中应用更广泛。

创造能力是指在活动中创造出独特的、新颖的、有社会价值的产品的能力。创造能力要求突破以往问题解决的模式，对已有的知识和方法进行重组，提出新的思想，创造出新的产品。作家在头脑中构思新的人物形象，科学家提出新的理论模型，都是创造能力的具体表现。

（三）认知能力、操作能力与社交能力

从能力的功能性维度上划分，可将能力分为认知能力、操作能力与社交能力。

认知能力是指个体接受、加工、储存和应用信息的能力，也就是我们常说的智力，包括感知能力、记忆力、思维能力、想象力。

操作能力是指个体操作肢体完成各项活动的能力，如运动能力、实验操作能力、艺术表演能力。操作能力是个体在掌握操作技能的过程中形成与发展起来的，反过来个体操作能力的提升又会帮助个体掌握操作技能。

社交能力是指个体在社会交往活动中表现出来的能力。例如，言语沟通能力、共情能力、组织管理能力。社交能力直接影响个体在人际交往中的表现。

第二节 能力的测验

能力作为内在的心理特征，它看不见摸不着，但我们可以通过个体的活动来评估能力。例如，学生在各个学科上都表现得非常好，我们说他学习能力强；画家创作了人人称赞的画作，我们说他绘画能力强；一个领导带领团队取得了非凡的业绩，我们说他的领导能力强。

能力测验是测量个体能力的一种评估工具，作为一种评估的工具，必须根据标准化的程序进行编制，才能体现能力测验的科学性与有效性。

根据不同的测验目的，可以把测验分为一般能力测验、特殊能力测验等。

一、一般能力测验

一般能力测验即智力测验，是目前应用最广的能力测验。智力测验的使用，对教育、医疗等领域具有非常重要的意义。

（一）智力测验的由来

用一定手段和工具来测定人的智力的历史由来已久。在我国古代，刘勰用左手画方、右手画圆的方法来考察人的注意分配，杨雄用言语和书法的速度来判断人的智慧，这些评估方法都具有智力测验的性质。

世界上最早的智力测验是1905年法国心理学家比纳（A. Binet）和医生西蒙（T. Simon）编制的《比纳-西蒙智力量表》，该量表由30个项目组成，项目的难度逐渐递增。测验中，根据儿童通过项目的多少来评定智力的高低。1908年，比纳和西蒙对量表进行了修订，测验项目由30个增加到58个，每个年龄组的测验项目为4~5个。

（二）斯坦福-比纳量表

1916年，美国斯坦福大学教授推孟（L. M. Terman）将比纳-西蒙量表引入美国，并修订成为斯坦福-比纳量表，此后，斯坦福-比纳量表经过多次修订，成为世界上最有名的标准测验之一。

斯坦福-比纳量表按年龄分组，每个年龄组的测验由6个项目组成，内容包括绘画、折叠、给单词下定义、判断词义、回忆故事、推理等。随着年龄的增长，项目的难度也逐级递增。受测者通过几岁的项目，就代表受测者达到几岁的智龄，如一个孩子能做对5岁年龄组所有的题，而不能做对6岁组的题，则表示他的智龄是5岁。表9-1为斯坦福-比纳量表部分年龄组举例。

表9-1　斯坦福-比纳量表（1960年版）部分举例

年龄	测验项目
5岁组	1. 画一张缺腿人的画。 2. 在测验者表演后，将一张方纸叠两层，成一个三角形。 3. 给下列单词下定义：球、帽子、炉子。 4. 描一个正方形。 5. 辨认两张画片的异同。 6. 把两个三角形组成一正方形。
12岁组	1. 给14个单词下定义，如急速、功课等。 2. 看出下文的荒唐处：琼斯的脚太大，以致他必须从头上套下他的裤子。 3. 理解在一个复杂图片上所描述的情境。 4. 按相反顺序重复五个数字。 5. 给抽象单词下定义，如遗憾、惊奇。 6. 在不完整的句子中填入遗漏的单词，如一个人不能是英雄，（　　）一个人总可以是个人。

智龄代表了智力的绝对水平，但因孩子的生理年龄有不同，智龄水平的高低不能用于比较智力的不同发展水平。为此，德国心理学家施特恩（W. Stern）首先提出了用"智商"来衡量儿童的智力发展水平。

智商即"智力商数"，用IQ表示，又称比率智商，代表的是个体智龄与实际年龄的商数，比率智商的计算公式如下：

$$IQ = \frac{智龄（MA）}{实龄（CA）} \times 100$$

如小明今年6岁，通过斯坦福-比纳量表测得智龄是8岁，那么他的比率智商就是133。

比率智商能对比不同年龄个体的智力发展水平，但比率智商也有缺点。人的实际年龄会不断增加，而智力发展到一定的年龄段就不会再发展，甚至会呈现下降趋势，那么比率智商也会不断下降，这跟实际情况是不相符的。

(三) 韦克斯勒智力测验

为了改进智力的测验方法，美国医学心理学家韦克斯勒（D. Wechsler）编制了若干套适用于不同年龄段的智力量表，简称韦氏量表。韦氏量表包含了言语和操作两个分量表，言语量表的项目包括词汇、常识、理解、回忆和数学推理等；操作量表包括排列图片、事物组合、拼凑等。韦氏量表把智商改为离差智商，离差智商是以标准分表示的智商，离差智商的根据是：人的智商是成正态分布的，大多数人的智力处于平均水平，智力越高，人数越少，智力越低，人数也越少。韦氏量表把智商均数定为100，标准差为15。离差智商的计算方法为

$$IQ = 15 \times Z + 100 = 15(X - M)/S + 100$$

其中，Z 为由原始分算出的标准分，X 为受测者的测验得分，M 为该年龄组的常模平均分，S 为标准差。离差智商能反映受测者在同龄群体当中的相对位置，而且不受受测者的实际年龄的影响。

二、特殊能力测验

特殊能力测验是指在特殊活动中，对与活动相关的特殊能力的测量。例如，音乐能力测验包括对音乐的感觉能力、音乐的记忆与想象能力、音乐的情感能力进行测量；飞行驾驶能力包括对空间的定向能力、对物体运动速度的判断能力、对仪器的理解能力等。可见，测定特殊能力同样要对某种能力的结构成分做出正确的分析，然后采取适当的手段进行度量。

例如，美国艾奥瓦大学音乐心理学家西肖尔（C. E. Seashore）等编制了最早的音乐能力测验。该测验主要是测量听觉辨别力的6个方面：音高、响度、节拍、音乐、节奏和音调记忆。他们认为这些能力是音乐全面发展的基础。

后来的音乐测验采取更复杂的内容。例如，温（Wing）等编制的温音乐能力标准化测验从8个方面计分：和弦分析、音高变化、记忆、节奏重音、和声、强度、短句和总体评价。该测验适合8岁以上的儿童。戈登（E. Gordon）等编制的音乐能力倾向测验测量3种基本音乐因素：音乐表达、听知觉和音乐情感知觉。

三、创造能力测验

创造能力是指产生新思想、发现和创造新事物的能力。目前主流的创造能力测验主要包括发散思维测验、顿悟类测验、创造力成就测验。

发散思维测验是目前使用最广的测验，发散思维测验通常从流畅性、变通性、独特性三个维度计分。发散思维测验一般以开放性问题的形式呈现，要求被试者尽可能多地罗列出答案。发散思维测验一般包括：语言测验、图形测验及动作测验；

多任务或多用途任务（给普通物品设计多种新颖用法）；举例任务（在普通种类中列举新颖物品及结果任务）。

顿悟类测验的基本理论假设是：高创造性个体能够凭借诸如远距离联想、思维重组、原型启发等认知加工过程整合并处理与目标有关的信息，从而更好地解决顿悟问题，并产生顿悟体验。远距离联想测验一般由 30 个项目构成，每个项目包括 3 个词汇，要求被试者根据所呈现的 3 个词汇进行联想，填入与之相关的新词。以英文版远距离联想测验为例，如光（light）、生日（birthday）、蜡（wax），正确答案为：蜡烛（candle）。除了远距离联想测验，其他顿悟类测验还包括经典的邓克尔蜡烛问题、九点问题等。

创造力成就是指个体在其一生中所创造出新颖且有价值的产品的集合。创造力成就的理论假设是：如果有什么能够预测未来的创造力潜能，那么最有可能的是已经存在的创造力成就。对创造力成就的测验方式主要有：可证实的成就或荣誉的数量；业已存在的创造性产品所获得的评价及自述创造力成就清单。

第三节　能力的个别差异

个体在社会实践中形成与发展自己的能力，个体因先天因素、后天环境和教育等条件的不一样，能力也不一样。能力的个别差异主要表现在一般能力发展水平的差异、总体能力表现早晚的差异和不同能力在发展速度上的差异等。了解学生的能力差异，有助于教师根据学生能力发展的不同，因材施教。

一、一般能力发展水平的差异

一般能力，即智商总体水平差异呈现正态分布，也就是说，绝大部分人的智商处于中间的平均水平，越接近两端，人数越少。按照正态分布，智商的分布如表 9-2 所示。

表 9-2　智力的分布

智商	智力水平	占人口总数的百分比/%
130 以上	智力超常	1
110~129	智力偏高	19
90~109	智力中常	60
70~89	智力偏低	19
70 以下	智力低常	1

二、总体能力水平表现早晚的差异

个体在能力表现上存在早晚的差异，有的人能力显现得早，称为"早慧"；有的人能力显现得晚，称为"大器晚成"。

许多名人在幼年时就显露出才华。古人王勃自幼聪敏好学，据《旧唐书》记载，他六岁即能写文章，文笔流畅，被赞为"神童"；数学家高斯幼年时就显示出非凡的数学能力，3岁能纠正父亲计算中的数字，10岁便独立发现了算术级数的求和公式。

汉高祖刘邦开创四百年的大汉基业，但汉朝建立时，刘邦已经50多岁了；李时珍在61岁时才写成巨著《本草纲目》；齐白石在40岁时才显露出他非凡的绘画才能。这些都是大器晚成的名人。

能力显现得早只用于说明个体在幼年或少年时表现出比同龄群体更强的能力，不代表成人之后也能优于常人；同样，能力显现得晚也不代表成人之后不会表现出非凡的能力。

三、不同能力在发展速度上的差异

不同能力在发展速度上存在差异，如感觉、知觉能力在出生时就已出现，婴儿出生时便具有视觉、听觉、味觉、嗅觉等，10～17岁就已达到高峰水平；而思维能力在2岁左右才开始显现，到初中时个体的抽象思维能力才接近成人水平。不同能力的衰退速度也是不一样的，个体衰老最早的表现便是耳不聪目不明，即感觉、知觉开始退化，再次是记忆能力开始衰退，思维能力相对来说衰退的速度慢一些。

四、能力的结构差异

能力有各种各样的成分，它们按不同的方式组合成不同的能力结构。例如，有的人感知能力强，有的人想象能力强，有的人思维能力强。能力水平相当的个体，也会表现出能力结构的不同。例如，同样表现出优秀音乐能力的个体，有的人表现为音乐感受能力强，有的人表现为音乐节奏感强，有的人表现为音乐记忆能力强。

五、能力的性别差异

一般能力的总体水平不存在性别差异，但男性智力分布的离散程度比女性大。也就是说，男女生的总体智力水平没有差异，不存在男生比女生智力更高或更低的情况，但男生智力超高或智力超低的比例要比女生大。

男女的智力结构存在差异，各自具有自己的优势领域。一般来说，男性的视觉、知觉能力较强；女性的听觉能力较强，特别是对声音的辨别和定位。男性偏于抽象思维，喜欢数学、物理等学科；女性长于形象思维，喜欢语言、历史等学科。女性比男性口语发展早，在语言流畅性及读、写、拼等方面占优势；但男性在语言理解、言语推理等方面又比女性强。

第四节 影响能力形成与发展的因素

关于能力形成与发展的因素，在心理学发展史上存在不同的说法，如遗传决定论认为，能力完全由遗传决定；环境决定论认为，能力完全是由环境和教育决定的。事实上，能力是在遗传的基础上，通过后天的实践活动逐渐形成和发展的。

影响能力形成与发展的因素有很多，我们从主观与客观两方面因素进行分析。

一、客观因素

影响能力发展的客观因素包括遗传因素、生理成熟、环境与教育因素。

（一）遗传因素

个体通过遗传而继承的生来具有的解剖生理方面的特点叫遗传素质。例如，我们的解剖生理特点、神经系统的结构形态及机能特点。个体不会遗传到特定的IQ分数或特殊能力，但遗传对能力的作用主要表现在身体素质上，如个体的感官特征、四肢及运动器官的特征、脑的形态和结构的特征等。

遗传素质为人类能力的发展提供了最基本的物质前提，奠定了能力发展个别差异的最初基础。例如，人类神经系统的发育是智力发展的前提与基础，良好的听觉感受能力为音乐能力的发展提供了可能。

关于遗传对智力的影响，最有力的证据是同卵双生子和异卵双生子的研究，以及收养儿童和血缘亲属的比较研究。表9-3列出了不同血缘关系的个体IQ分数的相关关系。两个人IQ分数之间的相关系数确实与他们的遗传相似性有关，但同时也显示了环境的作用。

表 9-3　不同血缘关系的个体 IQ 分数的相关系数

关系	抚养	遗传相似性系数/%	IQ 得分的相关系数
同一个体	—	100	0.87*
同卵双生子	一起	100	0.86
异卵双生子	一起	50	0.62
兄弟姐妹	一起	50	0.41
兄弟姐妹	分离	50	0.24

续表

关系	抚养	遗传相似性系数/%	IQ 得分的相关系数
生父母-孩子	一起	50	0.35
生父母-孩子	分离	50	0.31
养父母-孩子	一起	—	0.16

*相关系数不是1,是由于疲倦、分心等原因,一个人不同时间在同一测验上得分不一致。然而,这么高的相关性表明该IQ测验具有高信度。

先天素质只能为能力提供形成与发展的可能性,并不能预定或决定能力的发展方向。例如,人的手指长短是由遗传决定的,手指长为学弹钢琴提供了良好的自然条件,但这不能决定将来就一定能成为钢琴家。所以,先天素质并不等于能力本身,同样的先天素质可能发展多种不同的能力,良好的先天素质若没有受到良好的培养和训练,能力也不可能得到应有的发展。

(二)生理成熟

生理成熟也称生理发展,是个体随着年龄的增长自然而然出现的个体身体各器官的成长与变化。

生理成熟是各种能力形成的生物前提,制约着能力发展的阶段与过程。例如,幼儿运动能力的发展很大程度上依赖于幼儿骨骼肌肉的发展;良好的听觉感受能力是以听觉器官的发育成熟为前提的;等等。

(三)环境与教育因素

遗传与生理成熟为能力发展提供了生物基础,为能力的发展提供了可能性。环境与教育则将这种可能变成现实。

1. 产前环境

胎儿生活在母体,母体环境对胎儿的生长发育及出生后智力发展都有重要影响。

研究发现,母亲怀孕期间服用药物、患病等因素,会造成染色体受损,影响胎儿发育。怀孕期间母体营养不良,不仅会严重影响胎儿脑细胞数量的增加,而且会造成流产等现象,营养不良发生的时间越早,对胎儿的影响也就越严重。

2. 早期经验

从出生到青少年时期是个体生长发育最快的时期,也是能力发展的重要时期。历史上出现的由动物抚养长大的孩子,如"狼孩""羚羊男孩",甚至"鸵鸟男孩",能力发展明显落后,即使经过专家的培养与教育,依然不能弥补早期经验缺失造成的影响。

研究表明,婴儿期的环境刺激和动作经验有利于能力的发展。孩子出生后,可以让婴儿接触丰富的视觉刺激,如音乐玩具、彩色图卡或户外环境,鼓励婴儿用身体探索环境，婴儿的感知能力、动作能力将会发展得很快。另外，关于亲子依恋的研究也表明，安全型依恋的幼儿能更主动地探索环境，从而促进能力的提升。

美国心理学家斯基尔斯（H. Skeels）的一系列研究同样说明早期经验对智力发展的重要作用。20世纪30年代，斯基尔斯就发现温柔、慈爱的照料对艾奥瓦州孤儿院的两个儿童有帮助。最初斯基尔斯将这对安静、迟钝的姐妹放在收养院，几个月后当他回来时，他惊奇地发现这对姐妹的智力测验得分提高了，并且表现得机灵又活泼。这一发现促使斯基尔斯于1939年进行了一次规模更大的研究：他从孤儿院中找到了25名被认为是无人会领养的智力落后儿童，其中13名未满3岁的孩子被送到了另外一个福利机构，在那里他们得到了无微不至的关怀，另外的12名孩子则留在环境恶劣、工作人员匮乏的孤儿院内。所有孩子都做过IQ前测，在一年半到三年后做IQ后测，结果发现：安置在更好环境中的孩子智商平均提高了29分，一个孩子的智商甚至提高了58分；而另外继续留在孤儿院中的孩子，他们的智商平均降低了26分。

3. 学校教育的影响

学校教育是有目的、有计划、有组织、系统的教育活动。学校教育对学生的影响包括知识技能的掌握与思想品德的教育。学校教育针对不同年龄段的人群制定不同的培养目标，全方面地提升学生的知识与技能，这是其他环境因素所不能替代的。思想品德教育包括对学生良好学习品质的培养，如学习动机、坚持性、创新性等，这些非智力因素对于能力的发展非常重要。

二、主观因素

（一）实践活动的影响

人的各种能力是在社会实践中形成、发展起来的。先天素质和环境、教育是能力形成的重要因素，但这些因素只有在实践活动中才能影响能力的形成与发展，因此可以说，实践活动是能力形成与发展的必要条件。

东汉思想家王充说"施用累能"和"科用累能"的思想。前者是说能力是在使用中积累的，后者指从事不同职业活动可以积累不同的能力。音乐能力是在不断的音乐实践中形成与发展的，学习能力是在学习的实践活动中提升的。油漆工在长期的工作中，辨别漆色的能力得到充分的发展，他们可以分辨的颜色达四五百种；陶器和瓷器工人听觉很灵敏，他们可以根据轻敲制品时发出的声音的性质，来确定器皿质量的优劣。

人的各种能力，脱离了具体的实践活动是无从提高与发展的，实践活动的性质、深度和广度不同，形成的能力也不同。

(二) 主观能动性的作用

个体的主观能动性是能力形成与发展的内在动力。能力的提高离不开人的主观努力，客观因素是否能作用于个体能力的发展，取决于个体能否将客观因素转化为自身活动的对象。个体在同环境的相互作用过程中，接受着环境的影响，同时也改造着环境，并在改造环境的过程中提升自己的能力。

能力的形成与发展依赖于主客观因素的交互作用。我们无法计算哪一种因素更为重要，每一种因素都缺一不可。

【本章要点】

（1）阐述了能力的概念及分类。能力是直接影响活动效率，使活动顺利完成的个性心理特征。能力与知识、技能既有区别，又有联系。根据能力发挥作用的范围不同，可将能力分为一般能力与特殊能力。根据能力表现的创造性水平的不同，可将能力分为再造能力与创造能力。从能力的功能性维度上划分，可将能力分为认知能力、操作能力与社交能力。

（2）介绍了能力的测量方法。一般能力测试即智力测试有三种：比纳-西蒙智力量表、斯坦福-比纳量表、韦克斯勒智力测验。斯坦福-比纳量表采用比率智商计算智商，韦克斯勒智力测验采用离差智商。特殊能力测验包括音乐测验、数学测验等。创造力测验主要包括发散思维测验、顿悟类测验、创造力成就测验。

（3）能力存在个别差异。能力的个别差异体现在：个体智商水平差异成正态分布；能力表现早晚有差异；不同能力在发展速度上存在差异；能力存在结构差异；能力存在性别差异。

（4）影响能力形成与发展的因素包括主观因素与客观因素。客观因素包括遗传因素、生理成熟、环境与教育因素。主观因素包括实践活动的影响、主观能动性的作用。遗传与生理成熟为能力发展提供生物基础，为能力的发展提供了可能性，环境与教育则将这种可能变成现实。实践活动是能力形成与发展的必要条件，个体的主观能动性是能力形成与发展的内在动力。

【练习与思考】

一、单项选择题

1. 教师的教育能力属于（　　）。

   A. 一般能力   B. 特殊能力   C. 认知能力   D. 模仿能力

2. 下列各种能力属于一般能力的是（　　）。
 A. 写作能力　　　B. 绘画能力　　　C. 体育能力　　　D. 想象能力
3. 智商总体水平的差异成（　　）分布。
 A. 正态　　　　　B. 正偏态　　　　C. 负偏态　　　　D. 集中
4. 某人智力年龄是 8 岁，实际年龄是 10 岁。此人的比率智商是（　　）。
 A. 80　　　　　　B. 90　　　　　　C. 100　　　　　　D. 125
5. 吉尔福特提出发散思维的三个主要维度，下列（　　）不属于发散性思维的维度。
 A. 流畅性　　　　B. 变通性　　　　C. 精细性　　　　D. 独特性

二、简答题
1. 什么是能力？能力与知识、技能有何关系？
2. 能力发展的个体差异表现在哪些方面？
3. 结合本章知识与自己的能力特点，说一说如何促进自身能力的发展。

第十章 气质和性格

【本章提要】

生活中,我们看到有的人性情暴躁,有的人性情温和;有的人活泼好动,有的人安静稳重;有的人富于同情心,有的人冷酷无情……

这些差别体现的就是气质和性格的差异。气质和性格到底是什么呢?气质和性格真的有好坏之分吗?本章将会回答这些问题。

【学习目标】

- 掌握气质和性格的概念与特点。
- 掌握气质和性格的分类。
- 了解气质理论和性格的测量。

第一节 气质概述

一、气质的含义

生活中,我们经常会说某个人气质很好,此时气质指的是个体言谈举止的风格或方式,带有社会评价色彩。心理学上的气质与生活中所说的气质不同,心理学上的气质类似于我们生活中的"脾气""秉性""性情"。

气质是表现在人们心理活动和行为方面的典型的、稳定的动力特征。这个概念包含以下几层含义。

（一）气质的动力性

气质的动力性主要表现在心理活动的速度、强度、稳定性及指向性上。例如，不同气质类型知觉速度的不同及情绪和动作反应的不同是心理活动速度上的表现；情绪的强弱、意志的坚强程度等是心理活动强度上的表现；注意持续时间和情绪起伏变化的不同是心理活动稳定性上的表现；活动倾向于外部事物还是倾向于自身内部是心理活动指向性上的表现。

（二）气质的天赋性

气质是生来就有的，它受个体神经系统特性的影响。刚出生的婴儿就存在明显的气质差别，如有的婴儿刚出生哭声就非常洪亮，对外界刺激的反应比较迅速；有的婴儿则比较安静，对外界刺激的反应缓慢。

（三）气质的稳定性

俗话说，"江山易改，禀性难移"，说的就是气质是比较稳定的。例如，胆汁质的人在儿童时表现为精力充沛、积极热情、爱惹是生非，成年之后也依然表现出类似的特点：敏捷、热情、情绪反应强烈、容易感情用事。但气质并非绝对不可改变。在后天环境和实践活动中形成的各种个性特征，一定程度上可以掩盖神经系统的特性，并在长期影响下使气质的表现发生相对的变化。

二、气质的类型

气质类型是指表现在人身上的一类共同的或相似的心理活动特性的典型组合。古希腊医生希波克拉底根据人体体液的不同，把气质分为胆汁质、多血质、黏液质、抑郁质四种类型，后人沿用了这四种命名，结合日常生活中对人们气质类型的观察，将四种气质类型的特点概括如下。

（一）胆汁质

胆汁质的人反应速度快，具有较高的反应性与主动性。情感和行为动作产生迅速而且热烈；性情开朗、热情、坦率；情感易于冲动但不持久；精力旺盛，思维灵活但粗枝大叶；注意稳定而集中，但难于转移。

胆汁质的人有毅力、坚强、勇敢，但易脾气暴躁、粗枝大叶。《水浒传》中的李逵就属于典型的胆汁质类型。

（二）多血质

多血质的人情感和行为动作发生得快，变化得也快，但较为温和；易于产生情感，但体验不深，善于结交朋友，容易适应新环境；机智灵敏，思维灵活，但对问题不求甚解。

多血质的人乐观、开朗、灵活、善交际；但缺乏持久性，做事容易三分钟热度。

（三）黏液质

黏液质的人情感和行为动作迟缓、稳定，缺乏灵活性；情绪慢而微弱，不易外露；注意稳定、持久，不易转移；善于忍耐，能克制自己。

黏液质的人稳重、细致、可靠；但不够灵活，注意较难转移，有时固执、刚愎自用。

（四）抑郁质

抑郁质的人情感和行为动作缓慢、柔弱；情感容易产生，不外露，体验特别深，多愁善感；富于想象，善于观察，敏感性高，思维深刻；意志方面常表现出胆小怕事、优柔寡断，受到挫折常心神不安；坚忍；不善交往。

抑郁质的人心细如发，观察力敏锐，想象力丰富；但比较脆弱胆小，优柔寡断，不善交际。

苏联心理学家达威多娃（Davydova）曾形象地描述了四种基本气质类型的人在同一情景中的不同行为表现。四个不同气质类型的人去剧院看戏，但都迟到了。胆汁质的人和检票员争吵，企图闯入剧院。他分辩说，剧院里的钟快了，他进去看戏是不会影响别人的，并打算推开检票员进入剧院。多血质的人立刻明白，检票员是不会放他进入剧场的，但是通过楼厅进场容易，就跑到楼上去了。黏液质的人看到检票员不让他进入正厅，就想："第一场总是不太精彩，我在小卖部等一会，幕间休息时再进去。"抑郁质的人会说："我老是不走运，偶尔来一次戏院，就这样倒霉。"接着就返回家去了。

第二节　气质学说

人的气质类型从古至今受到很多学者的关注。

一、《黄帝内经》中的气质理论

《黄帝内经》是中国最早的医学典籍。包括《灵枢》《素问》两个部分。《黄帝内经》虽然没有直接提出气质一词，但在医学理论中融合着丰富的有关气质的论述。

《黄帝内经》根据人体阴阳之气的比例将人分为太阴之人、少阴之人、太阳之人、少阳之人、阴阳和平之人；还运用五行学说，将人分为木、火、土、金、水五种类型，再根据五行各属的五音（宫、商、角、徵、羽）将上述五种类型的每一种类型划分出一个主型和四个亚型，共得出 25 种类型。该分类不仅是观察的结果，而且是我国古代哲学原理的呈现。我国关于气质的论述早于西方出现，其内容的丰富和细致程度完全可以与西方气质理论媲美。

二、体液说

古希腊著名医生希波克拉底在前人研究的基础上，提出了气质的体液说。希波克拉底认为人体内有四种不同的液体：黑胆汁、黄胆汁、血液、黏液。他认为四种体液"形成了人的性质"，根据四种体液中哪一种占优势，把人划分为不同的气质类型。如果黄胆汁占优势，就是胆汁质；如果血液占优势，就是多血质；如果黏液占优势，就是黏液质；如果黑胆汁占优势，就是抑郁质。

用体液说来解释气质类型虽缺乏科学依据，但这四种气质类型的名称却一直沿用至今。

激素说

美国心理学家伯曼（L. Berman）等人提出，人的气质是由某种内分泌腺的活动所决定的。他根据人的某种内分泌腺特别发达而把人划分为甲状腺型、脑垂体型、肾上腺型、副甲状腺及性腺过分活动型。甲状腺分泌增多者精神饱满、不易疲劳、知觉敏锐、意志坚强、处事和观察迅速、容易动感情；甲状腺分泌减少者可能发生痴呆。脑垂体分泌增多者性情强硬、脑力发达、有自制力、喜欢思考、骨骼粗大、皮肤甚厚、早熟、生殖器发达；脑垂体分泌减少者身材矮小、脂肪多、肌肉萎弱、皮肤干燥、思想迟钝、行动懦弱、缺乏自制力。肾上腺分泌增多者雄伟有力、精神健旺、皮肤深黑而干燥、毛发浓密、专横、好斗；肾上腺分泌减少者体力衰弱、反应迟缓。副甲状腺分泌增多者安定、缺乏生活兴趣、肌肉无力；副甲状腺分泌减少者注意力不易集中、妄动、容易激动。性腺分泌增多者常感不安、好色、具有攻击性；性腺分泌减少者则性的特征不显现，易同性恋，进攻行为少。

（有删改）

三、体型说

德国精神病学家克瑞奇米尔（E. Kretschmer）按照人的体型的不同，把气质分为高而长的瘦长型、矮而胖的矮胖型和肌肉发达的强壮型。不同体型的人气质特点也不同,瘦长型的人内向而孤僻,矮胖型的人外向而且容易动感情,强壮型的人则介于两者之间。

美国心理学家谢尔顿(W. H. Sheldon)受克瑞奇米尔的影响,对气质和体型进行了更深入的研究,提出人的体型是由胚叶决定的,把人的体型分为三种主要类型:外胚叶型(高大、细瘦、体质虚弱)、中胚叶型(肌肉骨骼发达、坚实、体态呈长方形)、内胚叶型(柔软、丰满、肥胖),如图10-1所示。

谢尔顿发现三种气质类型:头脑紧张型、身体紧张型和内脏紧张型。他还发现体型与气质之间有高达0.8左右的正相关。体型、气质类型和行为倾向之间的关系如表10-1所示。

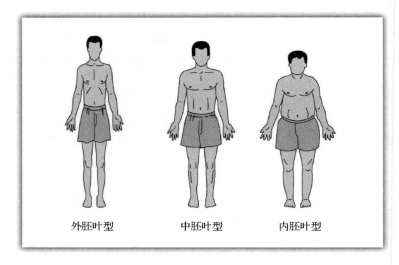

图 10-1　三种体型

表 10-1　体型、气质类型和行为倾向之间的关系

体型	气质类型	行为倾向
内胚叶型	内脏紧张型	动作缓慢、爱好社交、情感丰富、情绪舒畅、随和、有耐心
中胚叶型	身体紧张型	动作粗放、精力旺盛、喜爱运动、自信、富有进取性和冒险性
外胚叶型	头脑紧张型	动作生硬、善思考、不爱交际、情绪抑制、谨慎、神经过敏

克瑞奇米尔和谢尔顿阐述了体型与气质的关系,为直观地判断气质类型提供了方便。但他们的观点带有很大的片面性,体型固然与气质类型有一定的联系,但体型和气质同为某些生理基础的表现,体型不是气质的根本依据。

血型说

人的血型有 A 型、B 型、AB 型和 O 型。有些心理学家认为，人的气质是由不同的血型决定的。例如，古川竹二（1927）根据血型把人区分为四种气质：A 型气质的特点是比较温和、办事稳妥，但多疑、容易害羞、依赖他人、不喜欢被批评；B 型气质的特点是感觉灵敏、比较大胆、喜欢社交、爱管事；AB 型气质的特点是上述两者的混合；O 型气质的特点是意志坚强、好胜心强、好斗、喜欢指使别人、不愿做服从者、有胆识等。

（有删改）

四、高级神经活动说

巴甫洛夫通过动物实验发现，不同动物形成条件反射是有差异的，不同动物的高级神经活动的兴奋与抑制过程有独特的、稳定的结合，从而构成不同的高级神经活动类型。巴甫洛夫在此基础上提出了高级神经活动类型学说。

巴甫洛夫从强度、均衡性和灵活性三个维度说明了大脑皮质的神经过程特性。神经过程的强度是指神经细胞接受强烈刺激和持久工作的能力。在一定的限度内，神经细胞的兴奋能力符合于刺激的强度：强的刺激引起强的兴奋，弱的刺激引起弱的兴奋。神经过程的均衡性是指兴奋和抑制两种神经过程间的相对关系。均衡的动物表现为兴奋过程和抑制过程的强度是相近的；不均衡的动物表现为或兴奋过程相对占优势、抑制过程较弱，或抑制过程相对占优势、兴奋过程较弱。神经过程的灵活性是指兴奋过程或抑制过程转换的速率。它保证机体能适应外界环境的迅速变化，表现在各种条件反射的更替是迅速还是缓慢，是容易还是困难等方面。根据神经过程的强度、均衡性和灵活性，巴甫洛夫把高级神经活动类型划分为兴奋型、活泼型、安静型和抑制型，如表 10-2 所示。

表 10-2　高级神经活动类型与气质类型的对应关系

高级神经活动类型	神经系统的基本特点	气质类型
兴奋型	强而不平衡	胆汁质
活泼型	强、平衡而且灵活	多血质
安静型	强、平衡而不灵活	黏液质
抑制型	弱	抑郁质

兴奋型：兴奋占优势，条件反射形成比消退来得更快，易兴奋、易怒而难以

抑制。

活泼型：条件反射形成或改变均迅速，且动作灵敏。

安静型：条件反射容易形成而难以改变，庄重、迟缓而有惰性。

抑制型：兴奋与抑制都很弱，感受性高，难以承受强刺激，胆小而显神经质。

五、托马斯和切斯的儿童气质类型学说

托马斯（A. Thomas）和切斯（S. Chess）认为儿童的气质在活动水平、节律性、主动或退缩、适应性、分心程度、反应强度、情绪状态、持久性、反应阈限九个维度上发生变化，这九个维度各有自己的含义。活动水平是指儿童在日常的动作活动中所表现出动作水平的高低；节律性是指儿童的日常生活行为是否能遵循一定的规律；主动或退缩是指儿童在面临新环境时是主动适应还是退到一旁等待；适应性是指在最初接触新环境之后做出反应的能力，反应灵活为适应性强，否则为适应性较弱；分心程度是指儿童面对分心的环境时，对原来正在进行的活动注意力集中的程度；反应强度是指行为反应的兴奋性水平；情绪状态是指儿童日常生活一般处在什么样的情绪状态中，是愉快的还是不愉快的；持久性是指儿童在一个事物上注意力所能持续的时间；反应阈限是指能够引起反应的最小刺激量，即儿童对环境的敏感程度。

通过对以上九个维度的研究，托马斯和切斯得出了三种气质类型：易养型、困难型和缓慢发动型。

易养型：许多婴儿属于这一类，约占托马斯、切斯研究对象的40%。这类婴儿吃、喝、睡、大小便等生理机能活动有规律，节奏明显，容易适应新环境，也容易接受新事物和不熟悉的人。他们情绪一般积极、愉快，对成人的交流行为反应适度。由于他们生活规律、情绪愉快，且对成人的抚养活动提供大量的积极反馈（强化），因而容易受到成人最大的关怀和喜爱。

困难型：这一类婴儿的人数较少，约占托马斯、切斯研究对象的10%。他们时常大声哭闹、烦躁易怒、爱发脾气、不易安抚。在饮食、睡眠等生理机能活动方面缺乏规律性，对新食物、新事物、新环境接受很慢，需要很长的时间去适应新的安排和活动，对环境的改变难以适应。他们情绪总是不好，在游戏中也不愉快。成人需要花费很大力气才能让他们接受抚爱，很难得到他们的正面反馈。由于这类孩子对父母来说是一个较大的麻烦，因而在哺育过程中需要成人极大的耐心和宽容；否则易使亲子关系疏远，孩子缺乏抚爱、教养。

缓慢发动型：也称迟缓型，约有15%的被试者属于这一类型。他们的活动水平很低，行为反应强度很弱，情绪总是消极而不甚愉快，但也不像困难型婴儿那样总是大声哭闹，而是常常安静地退缩、畏缩、情绪低落，逃避新刺激、新事物，对外

界环境、新事物、生活变化适应缓慢。在没有压力的情况下，他们会对新刺激缓慢地发生兴趣，在新情境中能逐渐活跃起来。这一类儿童随着年龄的增长，随成人爱抚和教育情况不同而发生分化。

第三节 性格概述

一、性格的含义

性格是表现在人对现实的态度及与之相适应的、习惯化的行为方式方面的个性心理特征。

性格表现在人对现实的态度和行为方式中。态度是指个体对某一客体的评价与心理倾向，也就是表现为个体对某一对象是喜欢还是厌恶，是接近还是疏远。生活中人们听到什么、看到什么、想些什么和做些什么，都受到态度的支配。

一般来说，态度是潜在的，主要通过人的行为表现来反映。在长期的社会实践中，个体的行为方式慢慢地形成了一些固定的模式与习惯，成为个体稳定的个性特征。

人对现实的态度往往决定着他的行为方式，而人的习惯化的行为方式又体现了他对现实的态度。

二、性格与气质的关系

性格与气质同属人格的重要组成部分，两者既有区别，又有联系。

首先，性格与气质存在一定的差别。

性格是在后天长期的生活实践中慢慢形成的，是后天的；而气质受高级神经活动类型的影响，是先天的。性格的可塑性强，而气质的可塑性小。性格有好坏之分，如对待学习认真勤奋是好的，懒惰是坏的，对待他人友好是好的，冷漠是不好的；气质没有好坏之分，它只反映心理活动的动力特征，每种气质类型都有其优点和缺点。

其次，性格与气质相互联系，彼此制约。

一方面，性格可以在一定程度上掩盖或改造气质，使之更符合社会实践的要求。如一名胆汁质的军人，因职业的要求，经过后天的训练，形成沉着冷静、严于律己的性格特征，从而在一定程度上掩盖容易冲动的气质特征。

另一方面，气质也会影响性格的形成。不同的气质类型可以形成相似的性格特征，但在行为表现上，气质为性格渲染不一样的色彩。例如，同样是对人友好的性格特征，胆汁质表现为热情、仗义，而抑郁质表现为周到、细心；同样是学习认真的性格特征，多血质表现为充沛的学习热情，黏液质表现为踏实、有毅力。

气质还影响性格形成和发展的速度。例如，抑郁质的人比胆汁质的人更容易形成自制力强的性格特征；多血质的人比黏液质的人更容易形成敢于挑战的性格特征。

三、性格的结构

性格的结构特征主要从以下四个方面进行分析。

（一）态度特征

性格体现了人对现实的态度特征，态度特征主要体现在以下几个方面：

1. 对自己的态度

对待自己，有的人是自信的，有的人是自卑的，有的人是自恋自负的；有的人是严于律己的，有的人是放任自流的。

2. 对他人、集体、社会的态度

对待他人，有的人是友好热情的，有的人是冷漠无情的；对待集体、对待社会，有的人是公而忘私、热爱集体的，有的人是自私自利、没有集体荣誉感的。

3. 对学习、对劳动和工作的态度特征

对待学习、劳动和工作，有的人是勤劳的，有的人是懒惰的；有的人是认真细致的，有的人是马虎粗心的。

（二）意志特征

性格的意志特征是指人对自己行为的自觉调节方式和水平方面的性格特征，主要体现在自觉性、果断性、自制性、坚持性等方面。例如，自觉性表现在行为过程中，具有目的性或盲目性，独立性或易受暗示性，纪律性或散漫性。果断性表现为果敢坚决、雷厉风行或者优柔寡断等。自制性表现为自制力强或缺乏自制力，主动或被动，任性或冲动。坚持性表现为有恒心、坚韧不拔或轻易动摇、半途而废。

（三）情绪特征

性格的情绪特征表现为人们在情绪活动中所表现出来的强度、稳定性、持续性和主导心境方面的特征。

情绪的强度表现为一个人受情绪影响的程度和情绪受意志控制的程度。例如，有的人情绪体验比较强烈，开心时手舞足蹈，难过时号啕大哭；有的人情绪体验比较微弱，容易用意志控制，开心或难过不形于色。

情绪的稳定性表现为情绪的波动起伏程度。例如，有的人情绪比较稳定，不论是处于困境还是处于逆境都能控制自己的情绪，其情绪始终保持在一个相对稳定的状态；而有的人的情绪容易随情境的变化而变化。

情绪的持续性表现为个人受情绪影响时间的长短。例如，有的人不管是开心还是生气，情绪持续时间会比较长；有的人生气后，情绪持续时间比较短。

情绪主导心境方面的特征表现为主导心境在一个人身上表现的程度。例如，《红楼梦》中的林黛玉的主导心境是忧伤，薛宝钗的主导心境是乐观向上。

（四）理智特征

性格的理智特征是指人在认知活动过程中表现出来的特征。认知过程包括感知、记忆、思维、想象等过程。人们在这些认知过程中表现出来的特点与风格的不同称为性格的理智特征。

在感知方面，有的人比较善于观察，有的人不善于观察；有的人视觉、知觉能力强，有的人听觉、知觉能力强；有的人感知快速但不准确，有的人感知较慢但很精确。

记忆方面，有的人记忆快，有的人记忆慢；有的人属于直观形象记忆型，有的人属于逻辑思维记忆型。

思维方面，有的人属于独立型，有的人属于依存型；有的人属于冲动型，有的人属于沉思型；有的人属于分析型，有的人属于综合型；等等。

想象方面，有的人属于主动想象型，有的人属于被动想象型；有的人想象大胆，有的人想象丰富，有的人想象贫乏。

四、性格的类型

性格的类型是指一类人身上所共有的性格特征的独特组合。许多心理学家从不同的角度，根据不同的标准，划分出不同的性格类型。

（一）以心理活动的倾向性分类

心理学家卡尔·莱格（Carl Gustav Jung）根据个体"力比多"的流向，把人的性格分为外向型和内向型。力比多指向外部属于外向型，其特点是注重外部世界，情感表露在外，善于交际，独立自主，行动敏捷，容易适应环境的变化。力比多指向内部属于内向型，其特点是注重内部世界，不易表露情感，沉默寡言，孤僻，交际面窄，反应缓慢，适应环境的能力差。

（二）以知、情、意的成分划分

根据智力、情绪和意志三种心理机能在性格结构中哪一种占优势，把人的性格分为理智型、情绪型和意志型三种。

理智型的人，一般以理智来评价周围发生的一切，以理智来支配和控制自己的行动，行为表现稳定与谨慎。情绪型的人，一般不善于思考，言谈举止易受自己的情绪左右,但情绪体验深刻。意志型的人,行为目标一般比较明确,主动积极,果敢和坚忍,具有自制力。

(三) 以个人独立性程度划分

美国心理学家威特金(H. A. Witkin)根据场独立和场依存型的特点,把性格划分为独立型和顺从型。独立型的人善于独立思考,不易受外来因素的影响,能够独立地发现问题和解决问题;顺从型的人易受外来因素的影响,行动比较依赖外在环境,缺乏主见,缺乏果断性。

第四节 性格的测量

性格的测量是指运用一定的方法或者技术手段对人的性格进行鉴定的活动。性格测量在人才选拔、教育咨询、临床诊断等领域发挥着很重要的作用。下面介绍几种常用的测量工具。

一、自陈问卷法

自陈问卷法是指通过列出一系列问题,由被试者根据自己的情况作答,题目多数是客观题。自陈问卷法使用较为方便,能在较短的时间内获得大量的数据,客观题计分方式便于统计分析。但自陈问卷由被试者作答,内容不一定是完全真实的。因此,题目的编制要确保被试者回答的可靠性。常用的自陈问卷有明尼苏达多相人格测验、卡特尔16种人格因素问卷、艾森克人格问卷。

(一) 明尼苏达多相人格测验

明尼苏达多相人格测验(Minnesota Multiphasic Personality Inventory,简称MMPI)是由明尼苏达大学教授哈瑟韦(S. R. Hathaway)和麦金力(J. C. Mckinley)编制的,最初用于诊断精神障碍,因其可以同时测量性格的许多特征,因此被称为多相个性测验。我国于20世纪80年代引进,并进行了标准化修订工作。MMPI是迄今应用极广、颇具权威的一种纸-笔式人格测验。

明尼苏达多相人格测验包括566道题,其中有16题是重复的。该量表包括10个临床量表,即疑病(Hs)、抑郁(D)、癔症(Hy)、精神病态(Pd)、男性化-女性化(Mf)、妄想(Pa)、精神衰弱(Pt)、精神分裂(Sc)、轻躁狂(Ma)、社会内向(Si),以及4个效度量表,即疑问量表(Q)、说谎量表(L)、诈病量表(F)、校正量表(K)。

所有题目均采用"是""否""不一定"来回答。

（二）卡特尔16种人格因素问卷

卡特尔16种人格因素问卷（Cattell's 16 Personality Factor Text，简称16PF）是由美国心理学家卡特尔（R. B. Cattell）编制，适用于16岁以上成年人。他采用观察法、实验法及因素分析统计法，经过长期的研究确定了16种人格特质，并据此编制了测验量表。16种人格因素是各自独立的，每一种因素与其他因素的相关性极小。这些因素的不同组合构成了一个人不同于其他人的独特个性。16种人格因素的含义如表10-3所示。

表10-3　卡特尔16种人格因素

因素	低分特征	高分特征
因素A——乐群性	缄默，孤独，冷漠	
因素B——聪慧性	思想迟钝，学识浅薄，抽象思考能力弱	
因素C——稳定性	情绪激动，易生烦恼，心神动摇不定，易受环境支配	
因素E——恃强性	谦逊，顺从，通融，恭顺	
因素F——兴奋性	严肃，审慎，冷静，寡言	
因素G——有恒性	苟且敷衍，缺乏奉公守法的精神	
因素H——敢为性	畏怯退缩，缺乏自信心	
因素I——敏感性	理智的，着重现实，自食其力	
因素L——怀疑性	依赖随和，易与人相处	
因素M——幻想性	现实，合乎成规，力求妥善合理	
因素N——世故性	坦白，直率，天真	
因素O——忧虑性	安详，沉着，有自信心	
因素Q1——实验性	保守的，尊重传统观念与行为标准	
因素Q2——独立性	依赖，随群附众	
因素Q3——自律性	矛盾冲突，不顾大体	
因素Q4——紧张性	心平气和，闲散宁静	

卡特尔16种人格因素问卷总共有16组题目，每组题目包括10—13题，共187题，每题有3个选项：0分、1分、2分。例如，"万不得已时，我才参加社会活动，否则我设法回避"。有三个选项：A. 是的（记0分）、B. 不一定（记1分）、C. 不是的（记2分）。

（三）艾森克人格问卷

艾森克人格问卷（Eysenck Personality Questionnaire，EPQ）是由英国心理学家艾

森克（H. J. Eysenck）等人编制的。艾森克通过研究，确定了人格的三个基本因素：内外向性（E）、神经质（N）和精神质（P），人们在这三方面的不同倾向和不同表现程度便构成了不同的人格特征。

艾森克人格问卷有成人问卷和少年问卷两种，分别调查16岁以上成人和7~15岁儿童，各包括100个左右的题目。每种问卷都包括4种量表：内外向量表（E）、神经质量表（N）、精神质量表（P）和效度量表（L）。前三者是人格的三种维度，它们彼此独立。EPQ采用是非题形式，若回答与规定答案相符合，得1分；否则，记0分。例如，"你是否有广泛的兴趣爱好？""你立即按照别人的吩咐去做吗？"有两个选项，即是（1分）、否（0分）。

EPQ在我国有多种修订本，北方地区有陈仲庚教授等人的修订版，南方地区有龚耀先教授等人的修订本，都有较高的信度和效度。

（四）中国人人格量表

王登峰教授根据中国人人格的七因素模型，编制了中国人人格量表（QZPS），该量表分为7个分量表，分量表如表10-4所示。

表10-4 中国人格量表的分量表

编号	分量表的名称与内容	
1	外向性	活跃、合群、乐观
2	善良	利他、诚信、重感情
3	行事风格	严谨、自制、沉稳
4	才干	决断、坚韧、机敏
5	情绪性	耐性、爽直
6	人际关系	宽和、热情
7	处世态度	自信、淡泊

二、投射测验法

投射测验是指通过向被试者呈现无确定含义的刺激，让被试者在不知不觉中把自己的思想感情投射出来，以确定其性格特征。投射测验有利于探索人的潜意识，被试者作答时不知道测验的真实目的，因此回答作伪的可能性比较小。但投射测验计分困难，很难保证信效度。

国内外常用的投射测验包括主题统觉测验和罗夏墨迹测验。

（一）主题统觉测验

主题统觉测验（Thematic Apperception Test，简称TAT）是由美国心理学家莫瑞（H. A. Murray）于1938年编制的。全套由30张模棱两可的黑白图片组成（图10-2），另有一张空白图片。根据被试者的年龄、性别，采用其中 20 张进行测试。要求被试者根据图片讲故事，故事必须包括以下几点：图中发生了什么事？为什么会出现这种情境？图中的人在想些什么？故事的结局会怎样？每个故事约 15 分钟。记分时要同时考虑故事的内容（情节、心理背景等）和形式（如长度、种类等）。

（二）罗夏墨迹测验

罗夏墨迹测验是由瑞士精神病学家罗夏（H. Rorschach）于 1921 年设计的。测验材料为 10 张墨迹图（图 10-3），其中 5 张是浓淡不同的黑色，2 张由黑色与红色印成，3 张由多种颜色印制。主试者按一定顺序让被试者看，并让被试者说出"墨迹图形像什么""由此你想起了什么"。主试者记录被试者的反应。被试者在施测过程中不知不觉地流露出其思想感情和对事物的态度，主试者从这些反应中分析、判断被试者的人格特征。

图 10-2　主题统觉测验

图 10-3　罗夏墨迹测验图

【本章要点】

（1）气质是表现在人们心理活动和行为方面的典型的、稳定的动力特征，类似于我们生活中的"脾气""秉性""性情"。

（2）气质的动力性主要表现在心理活动的速度、强度、稳定性及指向性上。气质具有天赋性。气质相对来说是比较稳定的。

（3）气质类型是指表现在人身上的一类共同的或相似的心理活动特性的典型组合。气质包括胆汁质、多血质、黏液质、抑郁质。

（4）人类的气质类型从古至今受到很多学者的关注。例如，《黄帝内经》中的气质理论、体液说、体型说、高级神经活动说、托马斯和切斯的儿童气质类型学说。

（5）巴甫洛夫的高级神经活动说，根据神经过程的强度、均衡性和灵活性，把高级神经活动类型划分为兴奋型、活泼型、安静型和抑制型。托马斯和切斯把儿童分为三种气质类型：易养型、困难型和缓慢发动型。

（6）性格是表现在人对现实的态度及与之相适应的、习惯化的行为方式方面的个性心理特征。性格与气质相互区别、相互联系、彼此制约。

（7）性格的结构特征包括：态度特征、意志特征、情绪特征、理智特征。

（8）性格的类型可以根据不同的标准划分出不同的性格类型：外向型和内向型；理智型、情绪型和意志型；独立型和顺从型。

（9）常用的测量性格的方法包括自陈问卷法和投射测验法。自陈问卷法包括明尼苏达多相人格测验、卡特尔16种人格因素问卷、艾森克人格问卷、中国人人格量表；投射测验法包括主题统觉测验和罗夏墨迹测验。

【练习与思考】

一、单项选择题

1. 气质类型的特点（   ）。
   A. 无好坏之分   B. 都是好的   C. 都是坏的   D. 多血质最好

2. 某人做事总是风风火火，动作很快，脾气暴躁，缺乏耐心，而且时不时会出些错误。其气质类型属于（   ）。
   A. 胆汁质   B. 多血质   C. 黏液质   D. 抑郁质

3. 高级神经活动表现特点为强、平衡而不灵活的气质类型是（   ）。
   A. 胆汁质   B. 多血质   C. 黏液质   D. 抑郁质

4. 提出"内向型与外向型"的心理学家是（   ）。
   A. 荣格   B. 威特金   C. 麦克莱伦   D. 马斯洛

5. 个体在心理活动中表现出自觉果敢、雷厉风行或者优柔寡断等。这是性格特征中的（   ）。
   A. 态度特征   B. 情绪特征   C. 意志特征   D. 理智特征

二、简答题

1. 什么是气质？什么是性格？两者关系如何？
2. 人格测验方法有哪几种？
3. 试分析自己的性格特征。

课后练习参考答案

第一章
1. A 2. D 3. B 4. A 5. B

第二章
1. D 2. C 3. C 4. D 5. C 6. C 7. D 8. A 9. D

第三章
1. B 2. D 3. A 4. A 5. A 6. B

第四章
1. B 2. B 3. C 4. A 5. B 6. C

第五章
1. B 2. B 3. B 4. A 5. B

第六章
1. A 2. A 3. D 4. B 5. C

第七章
1. A 2. D 3. B 4. C 5. C 6. B 7. C 8. B

第八章
1. B 2. D 3. C 4. A 5. A

第九章
1. B 2. D 3. A 4. A 5. C

第十章
1. A 2. A 3. C 4. A 5. C

参考文献

1. 张厚粲,许燕. 心理学导论[M]. 北京:北京师范大学出版社,2018.
2. 安容瑾. 心理学[M]. 北京:红旗出版社,2016.
3. 王雁. 普通心理学[M]. 北京:人民教育出版社,2002.
4. 王惠萍. 教育心理学[M]. 北京:高等教育出版社,2011.
5. 熊应,罗璇,谢园梅. 教育心理学[M]. 长沙:湖南师范大学出版社,2019.
6. 陈元晖. 教育与心理辞典[M]. 福州:福建教育出版社,1988.
7. 托马斯 L. 贝纳特. 感觉世界:感觉和知觉导论[M]. 旦明,译. 北京:科学出版社,1983.
8. 彭聃龄. 普通心理学[M]. 5版. 北京:北京师范大学出版社,2019.
9. BURGER J M. 人格心理学[M]. 陈会昌,等译. 北京:中国轻工业出版社,2000.
10. 付建中. 普通心理学[M]. 2版. 北京:清华大学出版社,2018.
11. 胡雯,余梦月,范卫国. 心理学[M]. 成都:电子科技大学出版社,2020.
12. 贡喆,刘昌,沈汪兵. 有关创造力测量的一些思考[J]. 心理科学进展,2016,24(1),31-45.
13. 刘佳,陈克宏. 普通心理学[M]. 西安:西安交通大学出版社,2014.
14. 李传银,刘华. 普通心理学[M]. 3版. 北京:科学出版社,2021.
15. 李新旺. 生理心理学[M]. 3版. 北京:科学出版社,2018.
16. 苏碧洋,张美兰. 普通心理学[M]. 厦门:厦门大学出版社,2017.
17. 王登峰,崔红. 中国人人格量表(QZPS)的编制过程与初步结果[J]. 心理学报,2003,35(1):127-136.
18. 姚福涛. 血型性格与人生[M]. 北京:北京盲文出版社,2004.
19. 叶奕乾,何存道,梁宁建. 普通心理学[M]. 上海:华东师范大学出版社，2016.

20. 张积家. 普通心理学［M］. 北京：中国人民大学出版社，2015.

21. 张钦. 普通心理学［M］. 2版. 北京：中国人民大学出版社，2019.

22. 郭晶晶，钱东霞，胡雯. 心理学［M］. 吉林：吉林大学出版社，2017.

23. 章志光. 心理学［M］. 3版. 北京：人民教育出版社，2002.

24. 吴建光，崔华芳. 培养孩子观察力的50种方法［M］. 北京：北京工业大学出版社，2007.

25. GRAF P, SCHACTER D L. Implict and explicit memory for new associations in normal and amnesic subjects［J］. Journal of Experimental Psychology：Learning，Memory，andCognition，1985，11（2）：386－396.

26. 张春兴. 现代心理学［M］. 上海：上海人民出版社，2009.

27. 教师资格考试统编教材题库编委会. 国家教师资格考试指定用书教育知识与能力（中学）［M］. 北京：高等教育出版社，2019.

28. 格里格，津巴多. 心理学与生活［M］. 王垒，王甦，等译. 北京：人民邮电出版社，2003.

29. 陈仲庚，张雨新. 人格心理学［M］. 沈阳：辽宁人民出版社，1986.

30. 朱智贤. 心理学大词典［M］. 北京：北京师范大学出版社，1989.

31. 潘菽. 潘菽心理学文选［M］. 江苏：江苏教育出版社，1987.

32. 叶浩生. 西方心理学的历史与体系［M］. 北京：人民教育出版社，1998.

33. 王振宏，李彩娜. 教育心理学［M］. 北京：高等教育出版社，2011.

34. 荆其诚. 简明心理学百科全书［M］. 长沙：湖南教育出版社，1991.

35. 燕国材. 新编普通心理学概论［M］. 上海：东方出版中心，1998.

36. 车文博. 心理学原理［M］. 哈尔滨：黑龙江人民出版社，1986.

37. 林崇德. 品德发展心理学［M］. 西安：陕西师范大学出版社，2014.

38. 鲁利亚. 神经心理学原理［M］. 汪青，邵郊，王苏，译. 北京：科学出版社，1983.

39. 朱智贤. 中国儿童青少年心理发展与教育［M］. 北京：中国卓越出版公司，1990.

40. 波果斯洛夫斯基，科瓦列夫. 普通心理学［M］. 2版. 魏庆安，译. 北京：人民教育出版社，1981.

41. 陈玉红. 浅谈如何培养学生的注意力［J］. 学周刊，2018（4）：95－96.

42. 曹日昌. 普通心理学［M］. 北京：人民教育出版社，1987.

43. 叶浩生，苏佳佳，苏得权. 身体的意义：生成论视域下的情绪理论［J］. 心理学报，2021，53（12）：1393－1404.

44. 郑宗军. 普通心理学［M］. 济南：山东人民出版社，2014.

45. 马克思，恩格斯. 马克思恩格斯选集（第三卷）［M］. 北京：人民出版社，1972.

46. 王瑾，张晓莹，余志超. 意志力的深度挖掘与培养［J］. 科教导刊，2017（32）：152－153.